나는 그냥 비를 맞기로 했다

나는 그냥 비를 맞기로 했다

INFP · SUE · 변지영 · 정복이 · 슬슬 · 권현정 · 예나랑드

키효북스

우리는 이 책의 무게만큼 가벼워졌어요.

서툴지만 담담하게 적어 내려간 글들이 모여 어엿한 한 권의 책으로 세상 밖에 나왔습니다. 이별 끝에서 마주한 성숙, 이제부터라도 껴안아 주고 싶은 마음, 무너지지 않고 견뎌준 고마움, 그래도 괜찮다는 토닥임, 벼랑 끝에 서 있는 아슬아슬함, 상처를 단단하게 이겨내는 위로, 용기 내어 고백한 쓸쓸함까지. 형태와 결은 저마다 다르지만 7명의 내면 이야기가 고스란히 묻어난 일기장을 훔쳐본 기분입니다.

마음의 평안은 채움이 아닌 비움에서 비로소 시작된다고 믿어요. 글을 짓고 문장을 만들고 마침표를 찍어도 우리 인생이 딱히 달라지는 건 없지만 빈 화면을 까만 글자로 채우는 동안만큼은 평안했기를 바래봅니다. 머릿속을 뱅글뱅글 돌아다녔던 무형의 감정을 글자로 엮어 쏟아냈으니 우리는 분명히 이 책의 무게만큼은 가벼워졌어요.

어려움과 고민에 한숨 짓던 날들 많았지만 포기하지 않고 끝까지 글을 써주셔서 감사했어요. 오늘의 비움을 기점으로 여러분들의 평안을 계속해서 응원할게요. 오늘보다 내일 더 가벼워지시길 바랍니다.

당신의 마음을 책으로 만들 수 있어서
행복했던 여름의 계절에서
-김한솔이 에디터

차 례

INFP

1990년 인천에서 태어났다. 인하대 사회교육과를 졸업하고 한겨레 출판편집학교를 수료했다. 호기심이 넘치고 감수성이 예민하며 책과 영화, 인디 음악을 좋아한다. 또 중국어와 불어에 능통하진 않아도 기본 실력은 갖추고 있다. 작가의 꿈을 잠시 잊고 취업에 도전했으나 쉽지 않았다. 그래도 수치심은 접어두고 좀 더 뻔뻔해지려 노력하는 중이다. 나중에는 독자와 좋은 책을 이어주는 독립서점도 차릴 생각이다.

이별에 젖어들다

사랑이라 믿었던 시간

잃을 것이 두려워서 사랑하지 않으려 했다. 사람에게 반한다는 건 무의식의 장난이거나 호르몬 작용에 불과하므로 다 부질없다고 여겼다. 누군가의 마음을 쉽게 얻지도 못하면서 어떻게 감히 그런 생각을 품었을까. 그런데 언제부턴지 그녀가 내 머릿속을 서서히 점령하기 시작했다. 첫눈에 반할 만한 사람이 아니었음에도, 함께 있으면 왜 그렇게 의식이 되었는지 모르겠다. 다가갈 용기는 없었으므로 미지근하게 1년을 흘려보냈다.

가벼운 친절에도 사랑의 확신이 피어난다.

그녀와 나는 일주일에 한 번씩 정기적인 모임에서 가끔 마주치는 게 전부인 사이였다. 그런데 그녀가 말이라도 걸어주는 날이면 온종일 들뜬 기분에 취하곤 했다. 최소한 인간적인 관심은 보여준다고 생각했다.

'어떤 식으로 다가가야 하지? 날 부담스러워하면 어쩌지?'

정작 난 그녀에게 다가가지 못했다. 밥 먹자는 말도 꺼내지 못한 채 숨죽여 앓던 적도 있었다. 그로부터 며칠 뒤 그녀가 고향에 잠시 돌아가게 되었다는 소식을 듣고 힘이 빠졌다. 마음은 아쉬워도 달라진 모습을 보여줄 정비기간으로 여겼다. 기약은 없었으나 충분히 참아낼 만했다.

한 달 뒤에 돌아온 그녀를 보고 반가움과 설렘이 교차했다. 그날따라 같은 공간에 함께 있게 되는 행운이 연이어 찾아왔다. 그녀와 눈을 맞추며 이것저것 물어볼 수 있었다. 모임이 다 끝나니 깜깜한 저녁이 되었고 때마침 눈이 내리고 있었다. 집 가는 방향도 비슷해서 단둘이 걷게 되었다. 오늘은 꼭 밥 약속을 잡아야겠다고 결심했다.

"와~ 영화 같지 않아요?"

떨어지는 눈송이를 잡으며 아이처럼 기뻐하는 모습이 귀여웠다. 밥 먹자는 말을 속으로만 되뇌다가 어서 용기를 내라고 나 자신을 부추겼다.

"우리, 같이 밥 먹자."

말하면서도 심장이 마구 떨렸다.

"음.. 좋아요!"

걱정과 달리 그녀는 씽긋 웃어줬다. 난 조용한 함성을 지르며 날아갈 듯 집으로 뛰어갔다.

첫 데이트 날, 계획해둔 일정에 따라 초밥을 다 먹고 근처에 있는 '카페 913'으로 들어갔다. 질문거리를 미리 생각해놓았기에 시간 가는 줄 모르고 대화를 나눌 수 있었다. 그녀가 내뱉은 말들은 낱낱이 머릿속에 개어놓았다. 연애와 결혼 관련 이야기를 스스럼없이 나눌 정도로 편안했다.

"아까 오빠가 사진으로 보여준 그 카페 같이 가요."

다음에 또 놀러 가자는 말에 황홀한 기분이 감돌았다. 그렇게 우리는 일주일 뒤에 다시 만날 예정이었다.

그런데 갑자기 그녀에게서 카톡 메시지가 왔고 약속은 한 달 뒤로 미뤄져야 했다. 코로나바이러스가 심각해져서 많이 불안한 모양이었다. 다음 만남을 기대하며 내 진심을 편지에 담기 시작했다.

기나긴 기다림 끝에 두 번째 데이트 날이 찾아왔다. 한식 뷔페에서 점심을 먹고 그녀가 가고 싶어 했던 '카페 아키라'에 들렀다. 또 한참 걷다가 자유공원에 올라가서 바다를 내려다보기도 했다. 이대로 헤어지기는 아쉬운 나머지 버블티 가게에서 음료를 또 시켰다. 몇 모금 안 남았을 때쯤, 내 마음을 표현할 타이밍이라는 확신이 들었다. 먼저 3년 전 처음 만났던 때부터 지금까지의 추억을 함께 떠올려 보았다. 그리고 난 이렇게 물었다.

"저번에 내가 왜 밥 먹자고 했는지 알아?"

"더 친해지고 싶어서?"

나는 그녀가 눈치채기를 기다리며 침묵하고 있었다.

"아니면 그 이상으로 생각하고 계신 거예요?"

그제야 난 고개를 끄덕이며 숨겨둔 마음을 열어젖힐 수 있었다. 그녀는 모호한 미소를 띠며 일단 감사하다고만 했다. 그동안 충분히 호감을 표현했다고 생각했는데 전혀 몰랐다는 반응에 허탈해졌다.

'아.. 역시 거절당하는구나.'

어쩔 수 없는 일이라며 내심 체념하고 있었다. 긴장 섞인 어색한 공기 속에 질식할 것만 같았다. 그러던 중 그녀가 내게 물었다.

"그래서 어떻게 했으면 좋겠어요?"

확실한 입장 표명을 유도하는 듯했다.

"나랑, 사귀어 줄래?"

살면서 처음 해본 고백이었다.

"네!"

그녀는 웃으며 힘차게 대답했다. 순간 믿기지 않아서 진짜냐고 묻기까지 했다. 그런 감격은 살면서 처음 느껴본 것이었다. 눈물 흘리는 내게 그녀가 티슈를 건네주었다.

"진심이 느껴졌어요."

난 얼른 마음을 추스르고서, 미리 준비한 편지를 종이 가방에서 꺼내어 그녀에게 선물했다.

간절히 바라던 그녀의 마음을 얻어서일까. 며칠 동안 얼떨떨한 기분에 휩싸였다.

'어떤 마음으로 고백을 받아준 걸까?'

왠지 모를 찝찝한 느낌이 들었지만 내 사람이 되어준 것이 마냥 고맙고 또 행복했다.

'더 좋은 사람이 되어야겠다.'

갑작스러운 이별

진심과 배려와 애정이 때로는 독이 되더라.

〈이별 D-2〉

언젠가 그녀는 내게 전화를 걸어 이런 말을 했다.

"오빠가 저를 많이 사랑해주는 것처럼, 오빠를 더욱 사랑해줄 다른 여자를 만나는 게 좋지 않을까 생각하는데 어떻게 생각하세요?"

갑자기 왜 이런 말을 하는 걸까. 여러 생각이 뒤섞이기 시작했다. 단순히 내가 싫어져서 그러는 건지, 아니면 사랑을 돌려받지 못하는 내가 가엽고 미안해서 그러는 건지 알 수 없었다.

"사랑을 표현하는 방식은 사람마다 다르니까, 네가 내 옆에 있어주기만 하면 좋겠어."

놓치고 싶지 않았다. 흔들리는 그녀의 마음을 애써 주워 담았다. 그러자 그녀는 감사하다고 말하면서 오열하기 시작했다. 이 아이를 평생 책임져야겠다는 마음이 들었다.

"오빠가 저한테 잘해주는 모습을 보면서 전 남자친구 생각이 났어요. 이제는 오빠를 있는 그대로 바라볼게요."

가끔은 그녀의 전 남자친구와도 함께 있는 것 같은 느낌이 들었다. 그래도 별로 대수롭지 않게 여겼다.

⟨이별 D-1⟩

그 다음 날에도 전화 통화를 했다. 이런저런 말을 주고받다가 결혼에 관한 주제가 흘러나왔다. 그러자 그녀는 부담스럽다는 식으로 반응했다. 당황스러우면서도 무서운 기분이 들었다.

"몇 년 후에 결혼하지 않아도 괜찮아요? 저는 오빠가 나중에 다른 여자한테 가도 상관없어요."

그녀밖에 없는 내게 왜 자꾸 이런 말을 하는지 이해할 수 없었다.

"가치관 차이라서 어쩔 수 없죠."

이 한마디가 내 가슴을 찔렀다. 급격히 달라진 목소리, 냉담하게 선을 긋는 태도가 내겐 너무나도 큰 충격이었다. 이후 긴 침묵과 짧은 몇 마디가 수차례 반복되었다. 다음 날은 데이트 약속이 잡혀있던 터라 일단 만나기로 하고 전화를 끊었다.

'난 역시 결혼 상대로는 부족한 거였어..'

캄캄한 방 안에서 조용히 이불을 적셨다. 사랑받지 못한다는 생각에 가슴이 저렸다. 이별을 예감했다.

〈이별 D-day〉

우리는 평소보다 말이 없었다. 그녀는 작심한 듯 내게 물었다.

"오빠 무슨 일 있어요?"

"아니."

"그럼 어제 그 얘기 때문에?"

"응."

서로의 마음이 어딘가 닫혀있는 듯 긴 침묵이 흘렀다. 섣부른 한마디에 지뢰라도 터질 것 같은 분위기였다.

"하.. 어떻게 해야 될지 모르겠다."

꼬여버린 상황 속에 난 너무 지쳐있었다.

"헤어져 주세요."

 예상은 빗나가지 않았다. 그녀의 한마디로 이별의 현실이 눈앞에 닥쳤다. 결코 쉽게 꺼낸 말이 아닐 거라고 생각했다. 그녀를 위해 욕심조차 잊고 살던 나는 무기력하게 이별마저 허락해야 했다. 난 이내 눈물을 터뜨렸고 그녀가 티슈를 건네주었다. 단순히 결혼이 문제가 아니고 단지 너와 계속 함께하길 원한다고 마지막으로 설득해봤다. 하지만 그녀는 내가 건전하지 못하다는 말로 쐐기를 박았다.

"부담 줘서 미안해.."

"고백을 받아줘서 미안해요.."

그동안 너도 나 때문에 아파했을까.
그때 난 서러움에 깔려 아무것도 볼 수 없었다.

〈이별의 후유증〉

 오랜 기다림 끝에 "사귀어 줄래?"라고 처음 내뱉어 본 나의 진심은 "헤어져 주세요."라는 그녀의 대답으로 서글픈 결말을 맞게 되었다. 운명적 사랑이라 믿었고 평생 그녀 곁을 지켜주고 싶었으나 나 혼자만의 꿈이었을 뿐이다. 영원함이란, 사랑보다 이별에 더 어울리는 단어였다.

나는 왜 이렇게 연약할 수밖에 없었는지, 그녀가 조금만 더 참아줄 수는 없었는지, 아쉬움과 원망이 교차하는 한 달을 지나왔다. 이제 더는 사람을 믿지 못할 것만 같고 삶의 가치들이 전부 무너져 내리는 기분이었다. 내가 뭘 그리 잘못했기에 이런 큰 괴로움을 겪어야 하는가. 어쩌면 나의 매력이 부족했던 것이 가장 큰 문제였을 것이다. 마음의 깊이가 달랐기에 서로가 서로에게 전부인 관계는 철없는 욕심이었을 뿐이다.

 '나는 아직 누군가를 사랑할 자격이 없는 걸까?'

틀린 답의 해설지처럼 이별의 이유를 하나씩 깨닫기 시작했다.

내 탓

"늘 인간에 대한 공포에 떨고 전율하고 또 인간으로서의 언동에 전혀 자신을
갖지 못하고, 자신의 고뇌는 가슴속 깊은 곳에 있는 작은 상자에 담아두고
그 우울함과 긴장감을 숨기고 또 숨긴 채 그저 천진난만한 낙천가인 척 가장
하면서, 조금씩 저는 익살스럽고 약간은 별난 아이로 완성되어 갔습니다."
– 다자이 오사무, 『인간실격』 중에서 –

불우한 학창 시절을 견뎌왔다. 초등학생 시절 3번의 전학으로 얻은 부적응감,
그리고 따돌림과 버림받음의 상처가 생겼다. 중학생이 되어서는 힘의 논리가 묵
인되는 교실 안에서 분노를 억누른 채 조용히 지내야 했다. 마지막 시험에서 전
교 2등이라는 성적을 거두긴 했지만, 지옥 같은 나날은 여전히 버거웠다. 자연스
레 고등학교 진학은 포기해버렸고 5년 동안 거의 집 안에서만 생활하게 되었다.

부푼 희망을 안고 대학 생활을 하기도 했으나 여전히 스스로를 사회 부적응자로 여기고 있었다.

'난 누구와도 편안하게 융화될 수 없는 인간일까..'

예민한 성격 탓이었는지 심각한 갈등 상황에 부닥칠 때면 불안과 우울 속에 깊이 잠기기도 했다.

내 문제의 대부분은 과도한 수치심에서 비롯된 것이었다. 수치심이란, 자신의 결점이나 잘못을 부끄러워하는 마음이다. 특히 내면의 비판자는 이렇게 속삭이곤 했다.

'잘하는 것도 없으면서 뭘 믿고 그렇게 게을러? 돈도 못 버는 주제에 밥은 참 잘도 처먹네. 네 친구들은 벌써 직장에서 몇 년을 일하고 있을 텐데 넌 도대체 뭐 하고 있는 거야?'

나 자신이 벌레처럼 느껴져서 충고해줄 사람이 따로 필요 없을 정도였다. 스스로 빚어낸 열등감은 곧 거절에 대한 공포로 이어졌다. 남들이 부정적인 시선을 보내거나 비판의 기미라도 보일라치면 투명 인간처럼 숨고 싶은 심정이었다.

거절 공포증은 좋아하는 사람에게 함부로 다가갈 수 없도록 브레이크를 걸기도 했다. 그런데 사랑에 회의적이고 겁 많던 내가 드디어 변한 것일까. 오랜 인내와 순간의 용기를 발휘하여 첫 연애를 하게 되었다. 누군가에게 진심을 품는 것, 그 사람을 위해 배려하는 것, 아낌없이 애정을 표현하는 것이 내겐 커다란 기쁨이었다. 주는 만큼 돌려받지 못해도 괜찮았고 상대방의 결점이 보이더라도 사랑으로 덮어주면 그만이었다. 또 사랑하는 사람을 위해서라면 다른 여자들과의 관계를 정리할 수도 있었다. 책에서 이상적인 사랑의 교훈만을 편식해온 자에게 내려진 형벌일까. 아니면 날 사랑해줄 누군가에겐 큰 축복이 될까. 고지식하다고 핀잔을 들어도 어쩔 수 없었다.

〈연애를 시작한 내 탓〉

"인간을 행복하게 만드는 것이, 동시에 불행의 원천이 될 수 있다는
사실은 과연 변할 수 없는 것일까?"
- 요한 볼프강 폰 괴테, 『젊은 베르테르의 슬픔』 중에서 -

'그녀는 교사로 일하고 있는데 나는 지금 뭐 하고 있는 거지?'
 불확실한 미래로 인한 막막함은 그녀에게 잘 보여야 한다는 불안감으로 번졌다. 그렇게 난 점점 존경할 수 없는 모습으로 변해갔는지도 모른다.

 어느 날 데이트를 마치고 나서 분리불안을 경험하기도 했다. 어린 시절, 병원에서 근무하던 엄마가 회식하고 밤늦게 오거나 당직했을 때 느꼈던 감정과 비슷했다. 함께 있다가 혼자가 되면 느껴지는 헛헛함을 인정할 수밖에 없었다. 대학교

졸업 후 홀로 취업을 준비했던 시간이 나를 더 외롭게 만든 것 같기도 하다.

 한없이 초라한 나에게 그녀는 유일한 희망이었다.
"취업 몇 년 걸려도 괜찮아요. 전 항상 오빠 편이에요."
 이렇게 따듯하고 이해심 넘치는 사람이 또 있을까 싶었다. 심지어 그녀는 힘들
거나 서운한 일이 있으면 숨기지 말고 다 말해달라고 했다. 나를 향한 관심이라
여기며 내심 흐뭇해했다. 나의 유약한 모습들은 조금씩 그녀에게로 흘러들기 시
작했다.

회피형 애착

사실 그녀는 일본인이다. 이혼 가정에서 자랐으며 첫 남자친구와 헤어진 후에는 자살까지 생각했다고 한다. 겉과 속이 다른 일본 사회에 적응하지 못한 탓인지 지금은 가족의 품을 떠나 한국에서 쭉 살고 있다. 우유·계란·밀가루 알레르기 때문에 음식을 함부로 못 먹는 불편함도 달고 살았다. 어쩌면 그녀의 상처와 결점들이 그녀에게 다가가도록 날 더욱 재촉했는지도 모른다.

연애를 시작하고 첫 데이트에서 이런 대화를 나눴다.
"오빠, 저랑 결혼까지 생각하시는 거예요?"
"응 당연하지!"
"오~ 감사하네요."
그녀도 같은 마음인 줄 알았다. 심지어 이런 말까지 털어놓았다.

"나중에 애 낳지는 않을 거예요. 결혼식도 안 하고 싶어요."

평범하지 않은 그녀의 말이 그리 놀랍지는 않았다. 가치관이 비슷해서 서로 잘 맞을 거라고만 생각했다. 그녀와 함께라면 서로의 아픔을 보듬어줄 수 있을 것만 같았다.

하지만 그건 나의 착각이었다. 그녀는 직언에도 소질이 있었다.

"너무 보고 싶어지면 평일에 저녁이라도 같이 먹자."

일주일에 한 번밖에 못 보는 게 아쉬워서 조심스레 제안해보았다. 그러자 그녀는 조언이 담긴 장문의 글로 쏘아붙이기 시작했다. 선생님이 일방적으로 학생을 혼내는 모양새였다. 싫은 소리를 쉽게 못 꺼내는 나로서는 그녀의 태도가 도무지 이해되지 않았다.

'내가 뭘 잘못한 걸까? 그녀에 대한 생각을 많이 하긴 했어도 사생활을 캐묻거나 의심한 적은 없었어. 그런데도 나를 밀어내고 선을 긋는 것 같아.'

다가갈수록 멀어지는 느낌이었다. 많이 사랑하는 쪽이 더 서운해진다는 말을 실감했다. 내가 택한 사람이니 끝까지 품어주려 했으나, 그녀는 결국 설렘의 흔적만 남긴 채 뺑소니치듯 사라져버렸다.

〈회피형 애착의 발견〉

헤어진 이유를 내게서 찾던 중 문득 이런 의문이 들었다.

'이별의 원인이 순전히 내게만 있는 걸까?'

그러던 중 인터넷에서 '회피형 애착'에 관한 글을 우연히 보게 되었다.

· 매사에 독립적이며 남에게 의존하기를 꺼린다.

· 감정 표현을 잘 하지 않으며 공감 능력이 부족하다.

· 가까워진 사람, 특히 연인의 결점을 잘 포착한다.

· 갈등이 생기면 모든 잘못을 연인에게 전가한다.

그녀의 모습을 그대로 본뜬 것 같아 소름이 돋을 정도였다. 그녀의 본질을 뒤늦게 파악하게 된 것이다. 그녀가 회피형이라면 난 불안형에 가까웠다. 불안형은 회피형에 끌리게 되지만 그 관계는 대부분 파국을 맞는다고 한다. 불안형이 다가가면 회피형은 자신의 영역을 침해당한다고 느끼면서 도망가기 때문이다. 심지어 안정형조차 회피형과 사귀다가 불안형으로 바뀌는 경우가 있을 정도이다. 그녀와 평행선을 걷는 기분이었던 이유를 조금은 알 것 같았다.

'더 친밀해지려 애쓰는 내가 얼마나 한심해 보였을까. 어떻게든 날 떼어내고 싶었을 거야.'

의존적이지 않은 척 거리를 두는 건 일종의 방어기제가 아닐까. 무의식적인 거라 어쩔 수 없다고 한다면 나도 할 말은 없다. 적어도 연인 사이라면 서로의 부족함을 채워가려는 노력은 해야 하지 않을까. 어쩌면 난 그녀를 잃었다는 것보다, 믿었던 사람에게 배신당했다는 게 더 씁쓸한 건지도 모른다.

앞으로의 삶

"우리가 안고 있는 모든 심리적 문제들은 사랑을 잃은 이후 맞이하는
상실의 감정을 제대로 처리하지 못해 발생하는 것이다."
– 김형경, 『좋은 이별』 중에서 –

이별 따위에 퓨즈 나간 시체처럼 살고 싶지 않았다.

난데없이 밀려드는 상실의 슬픔을 오롯이 품으려 했다. 사람들과 대화를 나누
는 것도 마음속의 응어리를 푸는 데 효과적이었다. 이별에 관한 책을 읽으면서
생각을 정리해보기도 했다. 그렇게 난 생각보다 잘 극복해나갔고 곧 무덤덤한
일상을 되찾았다. 헤어진 지금이 덜 외로운 것 같기도 하다.

연애에 미숙했던 내 모습을 직면하게 되는 순간도 찾아왔다.

'나 혼자만 좋아하는 것 같아서 불안해했고 상대방이 뭘 싫어하는지 세심히 알아차리지도 못했어.'

같은 실수만 반복하지 않아도 좀 더 성숙한 연애를 할 수 있을 것이다.

'잘 보이려 애쓰는 것도 쓸데없는 짓이야. 이제는 상대방에게 무조건 맞춰주기보다 내 감정과 욕구를 먼저 들여다볼 줄 아는 사람이 될 거야.'

이별 뒤에 얻은 가장 큰 수확이 아닐까 싶다. 내 안의 빛과 그림자를 모두 받아들이고 '진짜 나'로 사는 법을 배우기 시작한 것이다.

〈꿈을 꾼다는 것〉

"아무리 절망스런 상황에서도, 도저히 피할 수 없는 운명과 마주쳤을 때에도
삶의 의미를 찾을 수 있다는 사실을 잊어서는 안 된다. 왜냐하면 그것을 통해
유일한 인간의 잠재력이 최고조에 달하는 것을 볼 수 있기 때문이다."
- 빅터 프랭클, 「죽음의 수용소에서」 중에서 -

주체적인 삶을 살지 못한 채 만성적인 공허감에 취했던 건 나 자신과의 거리가 멀어졌던 탓이다. 자기 수용의 과정을 반드시 거칠 필요가 있었다. 내 안의 가치들을 발견하다 보니 잊었던 꿈에 대한 열정도 되살아났다.

'다른 사람 눈치 볼 필요 없어. 내가 하고 싶은 걸 해보는 거야.'

어느 날 저녁, TV에서 영화 '라라랜드'가 방영되고 있었다. 꿈을 포기하지 않고 끝끝내 성공을 거두는 주인공을 보고 가슴이 뜨거워졌다. 불과 몇 분 후 인터넷을 뒤지다가 책을 출간할 기회를 포착했다. 영화의 여운 때문이었는지 망설임 없이 뛰어들 수 있었다. 난 이별을 주제로 한 에세이를 쓰기로 했다. 잡념만 무성했던 내 삶이 글쓰기에 몰입하는 순간들로 채워지고 있었다. 마감에 쫓길 법도 한데 오히려 마음이 편안하고 즐겁기만 했다.

지금은 에세이로 어설픈 첫발을 내디뎠지만, 내 최종 목적지는 소설 작가이다. 일단 차근차근 필력을 쌓아 단편 5편을 묶은 소설집을 낼 계획이다. 닮고 싶은 작가가 많지만, 그중에서도 단편 소설의 거장인 '안톤 체호프'처럼 좋은 작품을 남기고 싶다. 독자들이 내 책을 통해 소소한 재미와 삶의 희망을 느낄 수 있기를 바란다.

SUE

cuddly_ sue (사람이 사랑스러워) 꼭 껴안고 싶은
글을 쓰며 내가 나를 사랑한 것처럼
토닥토닥 나를 안아준 것처럼
이 글을 읽는 모두의 상처 난 마음들을 꼭 안아주기를 바라며
우리 모두는 사랑스러워 꼭 껴안고 싶은 그러한 귀한 존재들이니까요,

마음 안아주기

문득 · 너라서

제 1 장
마음 들여다보기

마음이란 명사 앞에 형용사

마음이란 명사에 어떤 형용사가 더해지냐에 따라
색을 달리하네요
가볍게 표현했던 것들인데
오늘따라 참 새롭게 느껴져요
이제는
마음이란 명사 앞에 오는 형용사가
항상 파스텔 톤이었음 좋겠어요

말하고 싶다_ 내 마음

당신이 좋아요
어쩌지 못하겠어요
마음은 마음대로 되지 않으니까
그래서 더 진실된 거 같아요
마음대로 되지 않는 마음이 말하는 거니까..

마음의 유효기간

누구에게나 마음의 유효기간이 있다
사랑하는 마음을 지속시키는 유효기간
상처 난 마음을 회복시키는 유효기간
시간 말이다
근데 이 유효기간을 넘어서면 어떠한 것도 돌이킬 수 없다

언젠가는 자유로워질 거야..

우리는 살면서 많은 감정을 마음에 묻어두고 산다.
있는 그대로 다 표현하지 못하는 이유는 마음이 너무 아프거나
부끄럽거나 혹은 누군가에게 상처를 주기 싫어서 아닐까?
이유야 참으로 많겠지만 어쨌거나 마음에 묻어둔 감정은 언젠가
터져 나오기 마련이다. 며칠, 몇 달, 혹은 몇 년의 시간이 걸리더
라도..

내 안에서 그 감정이 어느 정도 시간이라는 위로를 받은 후에,
대화하며, 영화를 보며, 음악을 들으며, 어느 장소에 가서 문득,
혹은 혼자 글을 쓰거나 산책을 하다가, 어쨌거나 묻어둔 감정이
터져 나온다는 건 좋은 일이다.
설혹 주체할 수 없을지라도

왜냐하면 아팠던 마음을 스스로 치유할 수 있는 시간이 주어진
거니까
이제 용기 있게 그 시간을 대면하면 된다.

마음이 시키는 대로

울고 싶으면 울고, 떠들고 싶으면 떠들고, 글을 쓰고 싶으면 쓰고

그렇게 마음의 소리를 따라가다 보면

아픈 감정에서, 묻어뒀던 감정에서 자유로워진다.

그렇게 하나하나씩 해결해가면 된다.

누구나 표현하지 못하는 묻어둔 감정 안에서 살아가니까..

제 2 장
그대라는 이름

그대

보고 싶다 말하면 그대가 올까요
그립다 말하면 그대가 올까요
그대에게 닿지 못해 허공에 흩뿌려진 말
봄바람 꽃씨 되어 그대에게 닿았으면

이런 내 맘 아나요

혼자 끙끙대다가도 문득 표현하고 싶어지는 건
아마
이 세상에 단 한 명이라도 좋으니
내 마음 알아주는 누군가가 있었으면 하는 마음이겠지
그 사람이 그대였으면

거기 있다는 이유로

내가 힘들다는 이유로
그대가 거기 있다는 이유로
내 삶의 무게를 짐 지우려 했네요
나의 이기심이었다는 걸 이제야 알겠어요
그대는 그저 그 자리에 있었던 것뿐인데

딱 그만큼의 거리

그대라는 말에는 뭐라 표현할 수 없는 가슴 저릿한 아픔이 있다.
다정한 듯하면서도 왠지 거리가 있는 듯한 느낌이다.
손에 잡힐 듯 잡을 수 없는 딱 그만큼의 거리
다가가고 싶지만 다가갈 수 없어 기다리기만 하는,
손 내밀어 주기만을 기다리기만 하는,
그렇지만 내가 여기 있다고 말하고 싶은,
나의 따뜻함을 전하고 싶은,
아픔을 위로하고 싶은,
마음으로라도 꼭 안아주고 싶은,

아마도 내가 그대란 단어를 처음 사용했던 이유에 있지 않을까.

제 3 장

여 전 히
내 려 놓 지 못 한

여전히

세상의 모든 노랫말이
울어도 돼 하고
나를 부추긴다
운다
또 운다
아직도 난 여전히 그래

너의 침묵

너는 침묵한다
나는 기다린다
    애태운다
그러다 마음에 비가 내린다
심장까지 다 젖어버려
아프지 않다
아무렇지 않다

너라는 이름

너라는 말에 내 눈물샘이 반응한다
쓸데없는 기대를 한다
내가 너를 기억하며 흘린 따뜻함이
너의 마음을 적시면
한번은 돌아봐 줄까
그만하자

내 눈물의 온도

도대체 몇 도면
너의 심장을 녹일까
아니 조금이라도
따뜻하게 해줄 온도면
되지 않을까
바보야 이미 굳어버렸어

딱 그만큼

오랜만에 꿈을 꾸었다
너무 생생해서
딱 손에 닿을 거리여서
행복한 미소를 지으며
그를 바라보다

눈이 떠져 버렸다
이렇게도 안 되는 거구나
너랑은

주룩주룩

주룩주룩 비가 내린다
얼굴이 젖는다
몰랐다
내 마음속 너의 깊이를

눈치_ 시작할 수 있을까

용기 없는 마음 둘이 만나
눈치만 보다가, 망설이다
결국
지쳐버렸다
먼저 손 내밀 걸 그랬어
어차피 아파야 할 거

너와는 무슨 사이였을까

이별을 말하지 않았다.
그냥
그렇게 흘러가 버렸다.
너는 이미 없는데 나는 아직도 네 안에 있다.
헤어나오지 못하고 벗어나지 못하고
매일 제자리걸음,
그러다, 이별을 바라보다 이별을 알게 되었다.
이 별, 저 별, 그 별, 내 별..
아..
너는 내 별이 아니었구나.
피식, 웃음이 나왔다.
무거웠던 마음이 조금은 가벼워졌다.
아팠던 마음은 여전히 그래도 아프다.
이렇게라도 나를 붙잡아 줄 뭔가가 필요했다.
너를 보내주려면

제 4 장
작은 몸 짓

마음 안아주기

작은 배려가 좋다.
비 오는 날 마주 오던 사람이 우산을 한쪽으로 기울이는 작은 배려
안아줌에는 이런 마음도 있다.

오늘은 왠지 괜찮을 거 같아서 셀카를 찍고 싶은 날이 있다.
찍은 사진을 봤는데
아이러니하게도 눈빛이 너무 우울해 보였다.
지금 내 마음을 그대로 드러내고 있는 눈빛을 보자마자
눈물이 뚝 떨어져 버렸다.
현재의 내 마음을 마주하자마자
아팠나보다.

힘내, 내가 있잖아.
이런 얘길 듣고 싶은데
투명한 거울 같은 마음인데
안아달라고 말하고 있는데
귀 기울여주는 이가 없다.

'안다'라는 말을 사랑한다.
아니, 그 행위를 사랑한다.
말하지 않아도 많은 걸 얘기하고 있는 듯해서 사랑한다.
큰 몸짓은 아니지만
이 작은 몸짓이 얼마나 큰 따뜻함을 전할 수 있는지

'괜찮다'라는 토닥임이다.
말 없는 위로이다.
이보다 더한 따뜻함이 있을까.
따뜻함이라 말하기엔 부족한
뭐라 표현할 수 없는 깊음이 있다.

가끔
나도 모르게 누군가를 안고 싶어질 때가 있다.
고마워서, 보고파서, 사랑해서..

여러 종류의 마음들,
안아줌 하나면 충분하다.
기쁜 마음도, 슬픈 마음도, 괴로운 마음도
다 알진 못해도

공감하고 있다고
넘치도록 말하는 것
그걸로 충분하다.

때로는 말보다 더 큰 소리를 내는 움직임들이 있다.
상대방의 마음을 읽을 수 있는 눈을 가진 사람이 되어야겠다.
안아주자, 나를, 너를,
이젠 표현하며 살고 싶다.

변지영

문제를 풀면 원점이다. 멀리 여행을 떠나더라도 돌아오는 곳은 늘 같은 자리. 그 세월 동안 벗어나려고 했던 것은 자신이었다. 이제는 화해하고 싶다. 잘해주지 못해 미안하다고 정말 애썼다고… 그럼에도 불구하고 데리고 살아줘서 참 고맙다고. 자기애 가득한 사람을 미워하면서도 부러워하기도 했던 어른 아이. 제로부터 시작해보려고 합니다. 제로 감사.

나, 데리고 살아줘서 고마워!

나에게 하는 처음 인사
: 나야, 잘 지냈어?

오래전 오에 겐자부로의 〈개인적인 체험〉이라는 소설을 읽고, 문학에 눈을 떴다. 이번엔 글을 쓰기 위해 앉았다. 남의 글, 남의 책은 곧잘 봐주고 다듬어주고 편집도 했었지만, 오롯이 나만의 글은 처음이다. 할 이야기는 많은데 어렵다. 껌벅이는 커서만 바라보다 멈춰있다.

언제부터 이렇게 어려워진 걸까. 무엇이 문제였을까. 새로운 숙제를 직면하게 되었다. 30여 년간 데리고 사느라 고생 많았을 나 자신과 인사를 나눠보자. 거기서 하고 싶은 이야기를 찾게 되기를. 나만이 풀 수 있는 이야기를 가진 것에 감사할 수 있기를. 짧은 낙서 같은 이 고민이 인생길을 걷는 이들에게 위안과 힘이 될수 있다면 발가벗더라도 즐거울 수 있지 않을까. 글을 못 쓰도록 하는 장애물 혹은 위협들이 특별한 무기가 될 수도 있지 않을까.

진심과 진실의 옷을 입고 다시 태어나기를 기대하고 있다. 나를 찾아가는 이들에게는 도전정신을, 지친 자신에게는 위로를, 갈 바 모르고 정처 없이 헤매는 마음에는 자신감과 용기를 찾는 시간이 되기를 바라고 있다.

지극히 개인적인 이야기면서도 나를 찾는 이들에게는 자신의 이야기가 될 것이다. 다르게 살아왔더라도 공감하는 지점은 비슷한 것이 많다. 인생 처음 살기 때문에 겪을 수밖에 없던 시행착오, 자연스럽게 통과의례로 이어지는 생채기의 아픔, 일의 기쁨과 슬픔, 인생의 희로애락 등을 겪기 때문이다. 누구 하나 피할 수 없기에 인생이다.

마음의 문을 열고 다가선다면 어쩌면 지금 겪고 있는 일들도 웃으면서 마주할 날도 있지 않을까. 이 글에서 풀어놓은 진지한 고민과 현실적인 푸념은 되려 위로와 공감이 되지 않을까 생각한다. 오늘도 나를 찾기 위해 떠난다.

빠져나올 수 없는 늪이란 없다

"마스크 벗어."

"싫은데요?"

"왜, 너 혼자 쓰고 있냐고. 어서 벗어."

"…."

요즘 같은 시국에 이런 일로 퇴사하는 경우도 있다. 이유인즉슨 자기 말에 반항했다는 것. 콜센터도 같이 있는 사무실에서 마스크를 혼자만 썼다는 이유로 사장이 대뜸 시비를 걸었다고 한다. 불같이 화를 내더니, 입에 담을 수 없는 욕설을 퍼부었더랬다. 그러면서 하는 말이 자신과 매일 얼굴 보며 일할 수 있겠냐고 재택근무를 권했다는 것.

살다 보면 어이없는 일이 참 많지만,
벼락을 맞거나 맨홀에 빠지는 것만큼
기상천외한 일도 일어나는 것이 세상살이다.
그 어처구니없는 일 나만은 비껴가기를
간절히 바라지만 뜻대로 되지 않아서 인생이다.

계획한 대로 술술 풀린다면 굳이 낙심할 필요도 없을 것이다. 회사라는 공간은 어제의 원수가 갑자기 둘도 없는 동지가 되는 일도 어렵지 않다. 그만큼 알 수 없는 것이 사회생활이다. 스트레스를 벗어나기 위해 부단히 애를 쓴다. 애를 쓰면 쓸수록 걷잡을 수 없는 미궁 속으로 빠져든다. 억울한 일을 당했어도 입을 떼기가 힘들다. '나 하나쯤이야' 하는 생각이 사회를 어지럽게 만드는 것이다.

99번을 참았는데, 그 1번이 어려웠다. 분노조절장애 사장을 보면서도 참고 견뎌 온 시간이었다. 상식을 벗어나는 사람인 걸 알면서도 참고 또 참았다. 이번에는 힘들었다. 그간 쌓여온 화가 머리끝까지 치밀었다. 자기감정대로 사람을 쥐락펴락하고, 맘에 내키지 않으면 자르는 회사에서 버티고 또 버텼다. 하루하루가 지옥 같은 일상이었다. 직원 급여를 말도 없이 삭감하는가 하면 퇴근도 못 하게 하고 2시간 내내 전 직원을 벌 세운 일도 있다. 사람을 그냥 돌아가게 했다는 게 이유였다. 그 약속을 아는 건 사장뿐이었고, 사장은 끝내 나타나지 않았다.

(365일 면접을 원하는 사장은 면접 시간보다 먼저 와서 기다린 적이 단 한 번도 없다.) 오래 기다리게 하는 것이 미안해 돌아가게 했더니 불똥은 직원들에게 튀었다. 모든 상황에는 이유가 있기 마련이지만, 그의 말과 논리는 이해가 되는 부분이 없었다. 막상 닥치고 보니 '왜 참았을까?' 하는 생각이 머리를 스쳤다.

본인은 지금 면접을 봐야 해서 바쁘니, 나 대신 가서 병원 진찰을 받고 약을 지어오라는 어이없는 심부름까지도 응했던 나였다. 안된다고 해도 자기 뜻대로 하게 만들고 마는 고집불통 앞에서 예스맨으로 살 수밖에 없었다. 퇴근한 늦은 저녁에도 주말에도 끊임없이 연락이 왔다. 직원들은 진절머리를 치며, 6명이 동시에 퇴사했다. 사람이 오고 가는 것에 눈 하나 꿈쩍하지 않았다. 11개월만 다니는 직원이 좋다고 말했던 사람인데, 아쉬울 일은 없어 보였다. 다만 남아있는 사람이 지옥이다. 월급은 그대로인데, 나간 사람만큼의 업무량은 추가로 남아있는 사람들의 몫이니 말이다.

'참을 만큼 참았어. 그동안… 애썼어.'

갑자기 퇴사인 것도 모자라 재택근무 계약이라니…. 이제는 얼굴 볼 일이 없으니 다행이지 않을까 생각하면서도 단번에 끊어내지 못하는 내가 몹시 가엾다. 최고의 복수는 빨리 새 직장을 구해서 벗어나는 것. 알아볼수록 더욱 씁쓸한 건 노동법은 노동자들을 위한 게 아니라는 것.

목소리는 내야 한다. 십수 년 세월이 걸리더라도 자기 권리를 찾으려는 사람들이 있다. 혹자는 그 뜻이 받아들여져 복귀하기도 했고, 법을 바꾸기도 했다. 여론의 힘을 입어 노사 간 합의점을 찾은 것이리라. 단 한 번도 'NO'라고 말하지 않았던 내가 참을 수 없었던 분노도 매끄러운 대안은 아니었지만, 나는 최선을 다했다고 말하고 싶다.

무심코 펴든 책에서 슬픈 공감을 얻는다. '갑질이란, 최소한의 인격적 대우조차 갖추지 않은 천박한 갑과 최소한의 인격적 대우조차 요구하지 않는 무력한 을의 합작품이다.' 이제 지나가는 사람일 뿐인 사람들에게 더 이상의 상처를 받지 않으면 된다. 그것뿐이다. 비굴해지더라도 필요한 것은 나를 챙길 권리. 그걸 알았으면 되었다.

모든 일에는 시간이 있다

머리를 질끈 묶고 노트북 하나 챙겨서 근교 바다로 나왔다. 노동에 지친 나에게 쉼을 주고 싶었다. 바다는 가고 싶지만 멀리 가기는 귀찮고 해서 차선책을 택했다. 계획도 없이 빠져나와 버스에 몸을 싣고 버스가 데려가 주기만을 기다렸다. 아무도 없는 텅 빈 도로에 덩그러니 남겨졌다. 이 터널을 무사히 지나갈 수 있을까. 생각보다도 빠르게 돕는 손길들이 나타났다.

"그쪽으로는 차가 들어가지 않아요."
"마시안 해변은 어떻게 가면 될까요?"
"그 사잇길로 그냥 들어가면 돼요."
"이쪽으로도 길이 있어요?"
"네, 있어요."

'아. 그래도 되는구나. 이쪽으로도 길이 있는 거구나.'

순간적으로 아무도 없는 도로에서 혼자 남겨졌다. 차편이라곤 장시간을 타고 온 버스뿐이었다. 배차 간격은 40분은 족히 되는 버스를 무작정 기다리는 방법밖에 없다니 돌연 아득해졌다. 발길 닿는 대로 움직이기로 했다. 그 발걸음이 데려간 곳은 정확한 길이었다. 순간 마음속에서 울림이 들렸다. 너를 움직이게 했던 힘을 기억해. 그 기억이 너를 가장 안전한 곳으로 인도해 줄 거야. 기억하렴.

길을 잃을 뻔한 절벽과 같은 당황스러운 상황이 너무 쉽게 해결되었다. 슬며시 웃음을 지었었다. 도착한 길에서 허기진 점심을 때우고, 발길 닿는 대로 카페에 들렀다. 시원한 바람이 부는 그곳에서 무턱대고 글을 쓰기 시작했다.

나를 위해 나 자신을 위해서 할 수 있는 건
마음껏 해볼 수 있는 그런 날이야, 오늘은.

틀에 갇힌 삶에서 살아왔던 작은 일탈은 즐거움이 되었다. 이대로도 괜찮아. 충분히 괜찮아. 카페 창에 붙어있던 #힘내 해시태그 글씨가 나에게 하는 말인 것 같아서 자꾸만 바라보았다.

자신이 가는 길을 내버려 두어도 생각보다 잘 굴러갈 때가 있다. 그걸 알게 된 것 만으로도 충분한 하루가 아니었나 싶다. 이런 곳에 올 때마다 생각했다. 엄마가 갖지 못하는 자유와 여유를 이들은 갖고 있구나. 엄마 데려오고 싶다. 생각하고 또 생각하게 되었다.

　그동안 나는 나 자신을 잘 모른 채 누군가가 원하는 나로 살려고 아등바등 애를 썼다. 그것은 내가 아니었고, 내가 될 수 없었다. 현실과 이상의 괴리는 컸다. 어 느 정도 충족되면 만족할 수 있을 줄 알았다. 그렇지도 않았다. 수많은 책으로부 터 답을 찾으려고 애썼고, 강연도 들으러 다녔다. 어쩌면 어떤 글을 쓰고 싶다는 마음이 든 것 자체가 나 자신을 탐구하고 싶어서였는지도 모르겠다.

그 누구도 아닌 오롯이 나 자신이 되기

 다른 누구로 살면서 애쓰는 일은 도움이 되지는 않았다. 그저 노력일 뿐이었다. 나를 위한 것이 되지도 못했다. 지쳤다. 한숨만 나왔다. 아무 계획 없이 떠난 여행에서 의외로 가벼워졌다. 별일 아닌데 스스로에게 기회를 주지 않았다는 것이 벼랑 끝으로 몰고 가는 일인 것도 알게 되었다. 보란 듯이 엄마처럼 완벽한 딸이 되고 싶었다. 공백이 너무 컸다. 애초부터 엄마가 될 수 없었고 그렇게 살 수도 없었다.

 걸음이 조금 늦더라도 나로 살 수밖에 없다. 걸음이 늦건 빠르건 간에 사람은 경험치가 쌓여야 성숙해지는 법. 때에 맞게 자라고 성숙하는 것이 맞지만 그렇지 않더라도 어떠한가. 철쭉과 진달래는 비슷하게 생겼어도 피어나는 방법이 다르다. 잎이 먼저 피고 꽃이 피는 경우도 있지만 반대로 꽃이 먼저 피고 다음에 잎이 피는 경우도 있으니 말이다.

단번에 그것을 받아들이기가 어려웠다. 걸음을 인지하지 못했고 주변 목소리와 걸음만 바라보고 있었다. 모든 일이 두려웠고, 무기력해졌고, 쉽게 지쳤다. 내 이야기를 꺼내기가 더 어려워졌고, 점점 나의 글과는 멀어져갔다. 누군가의 글을 수없이 읽고 편집하면서 한때 숭배하기도 했던 책과 증오하는 사이가 되었고 끊임없이 쓰고 싶다는 욕망은 간절하다. 언제나 늘 양가적인 감정은 책임이 뒤따르는 법.

이제 나는 나를 받아들이기로 했다. 아니, 받아들일 수 있는 마음이 되었다. 시작은 생각보다 단순했다. 바로 나를 사랑하게 되면서부터 나를 향한 삶은 시작된다. 그러나 쉬운 일은 아니었다. 더군다나 나 자신을 사랑하지 못하는 사람이 나를 받아들이고 사랑하는 일은 인력으로 되는 부분이 아니기 때문이다. 시간은 돌고 돌아서 다시 제자리로 온다. 늦게 피는 꽃이 더 아름답고 풍성하기도 한 것처럼 내게도 그런 기회가 있었다. (나는 그때부터 위기를 기회라 읽고 쓴다. 위기는 곧 기회다)

인생은 느닷없이 찾아오는 교통사고처럼

2017년 12월 22일 금요일. 그날은 회사 송년회가 있던 날이었다. 평소보다 두 배는 더 바빴고, 남모를 긴장감과 설렘이 감도는 사무실 분위기였다. 오후 5시쯤 이었던가 느닷없이 전화가 걸려 온다.

"…지영아, 교통사고 났어."
"………!!!!!!!!!!!!!!!!!!!!!"

하얗게 질린 목소리에 직원들은 얼른 가보라고만 했다. 회사에서부터 동생이 있던 병원까지 어떻게 갔는지는 기억이 잘 나지 않는다. 가까스로 면회 시간 턱 걸이는 지켰다. 드라마에서만 보던 장면을 현실로 마주하니 어떤 표정으로 있어 야 할지를 몰랐다. 분명 병원은 온통 하얀색인데, 기억엔 왜 그렇게 어두웠는지 모르겠다.

중환자실에서 산소 호흡기에 생명을 의존하고 있던 동생은 그 밤이 고비였다. 횡단보도로 달려오던 전세버스와 부딪혀 몸이 튀어 오른 동생은 정신을 잃고 쓰러졌다. 당시 외상으로는 머리만 터진 상태였는데 온몸을 다쳤다고 했다. 사고 직후, 병원으로 옮겨졌지만, 아침 9시부터 저녁 8시가 되도록 폐출혈이 멈추지 않아 위급해졌다. 엄마의 말이 어지럽게 맴돌았다.

아무리 교통사고라고 해도 동생이 헬멧 쓴 우주인이 되어 중환자실 침대에 누워있을 줄은 상상도 못했다. 동생이 의지하고 있는 산소 호흡기가 이 세상 것으로 느껴지지는 않았다. 아주 차갑고 무섭게 보였다.

'그건 달나라 우주인들에게나 필요한 건데, 너는 대체 왜 그러고 있는 거니.'

약속한 10분이 지나자 동생이 누운 곳은 '관계자 외 출입 금지' 구역이 되어 굳게 닫혔다. 나도 모르게 털썩 주저앉았다. 하필이면 교회 앞 횡단보도 앞에서 일어난 사건이다. 초록 불이 끝나지 않은 횡단보도에서 동생은 걷고 있었고, 이를 보지 못한 전세버스 한 대가 달려왔다.

'끼익, 쿵, 데구루루'
'안돼!!!'

한 사람의 교통사고가 이렇게 간결하고 단순한 표현들로 정리될 수 있다니. 80년 남짓 살아온 인생도 고작 1시간 30분이면 한 줌의 가루가 된다는 말도 떠올랐다. 머릿속은 계속해서 동생의 사고 현장을 떠올렸고 교회 앞까지 이르렀다. 그렇다고 해서 내가 할 수 있는 건 없었다.

동생 사고가 났다던 교회 앞 횡단보도는 차들이 쌩쌩 달리고 있었다. 끔찍한 사고가 일어난 곳이라고는 도무지 믿기지 않을 만큼 속력을 내는 차량이 많았다. 횡단보도 신호등을 보다가 홀린 것처럼 교회로 들어갔다. 예배당 모퉁이 한구석 맨바닥에 무릎을 꿇었다. 짐승처럼 울부짖었다. 생사의 고비를 넘는 동생에게 해줄 수 있는 게 기도뿐이라면 어떻게든 해야겠다고 생각했다. 그날 예배당 전광판에 오른 동생 이름과 기도 제목은 한동안 사람들의 카톡방에서 맴돌았다. 그것은 지인들의 한숨과 걱정이 깃든 연락으로 돌아오기도 했다. 그 밤을 무사히 넘긴 동생은 하루 만에 일반병실로 옮겨졌다. 의식을 회복한 동생은 병동에서 '크리스마스의 기적'이라는 별명이 붙었다. 의식불명으로 들것에 실려 들어왔던 환자가 멀쩡한 두 발로 걸어 나갈 수 있었다는 것만 해도 놀라운 일이었다. 동생은 회복되어갈수록 몸에 내재 되어 있던 여러 가지 후유증이 드러났다. 얼마 후, 동생은 병원으로부터 왼쪽 청력 상실 진단선고를 받았다.

기적은 생각보다 가까이 있다

'크리스마스의 기적'님이 집으로 돌아오셨다. 병원에서 해야 할 큰 수술은 다 끝났다는 것이다. 완전히 나을 때까지는 통원치료만 하면 된다고 했다. 동생은 그날 죽은 것과 다름이 없었기 때문에 기적은 과연 동생을 두고 하는 말이라 생각했다. 사람의 마음이라는 것이 화장실 들어갈 때와 나올 때가 다르다. 당장 실려 들어갔을 때는 살기만 해달라고 기도했는데, 조금 나으니까 다친 부분이 다 나았으면 좋겠다 생각했다. 심지어는 사고가 나지 않았던 것처럼 후유증 없이 멀쩡했으면 했다. 이럴 때 사람의 마음이란 다 같은 게 아닐까.

사고의 가해자인 전세버스 기사는 차량에 블랙박스가 없다고 경찰서에 전했고 피해자인 우리 가족은 언제 끝날지 모르는 싸움을 시작하게 되었다. 조금이라도 보상을 더 잘 받으려면 될수록 많은 자료가 필요하다며 별의별 검사를 다 했다.

젊은 사람이라 회복이 그나마 빨랐는데도 사고 이전이 될 수는 없나 보았다.

 청력이 유난하게 발달한 동생이 한쪽은 들을 수가 없다니. 말을 듣고도 믿기지 않았다. 아빠는 동생 앞에서 힘든 기색을 보이지 않으려고 애썼고 엄마도 한숨을 아끼려고 하셨다.

 '기적님이 로그인하셨습니다'

 나는 때때로 집에서 업무를 볼 때가 있었다. 언제 바꿔놓은 건가 기억이 잘 나지 않았다. 네이트온 메신저의 상태 글이 새삼스럽게 느껴졌다. 또 한 번의 기적이 일어난다면 어떨까. 가령, 동생의 청력이 회복된다거나 사고 전으로 건강이 회복된다거나 하는 그런 기적.

 그 간절한 마음이 하늘에 닿기라도 한 건가. 우리 가족에게 또 한 번의 기적이 일어났다. 통원치료를 시작하면서 동생은 양방이 아닌 한방을 택했다. 워낙 체력이 없다 보니 근본적인 치료는 한약과 침으로 하는 게 좋겠다는 판단에서였다. 사실상 그 치료 또한 언제 끝날지는 알 수 없었다. 모든 질병이 그렇듯이 마음이 편안한 게 우선인 건지 한동안 불안해하던 동생의 표정이 조금씩 사람다운 얼굴로 회복되기 시작하더니 안정세로 접어들었다. 그리고 듣게 된 이야기. 언제부턴가 엄마의 전화를 받게 되면 겁부터 덜컥 났다.

"집에 와서 확인해 봐. 정말이야."

식탁 의자에 앉아있던 동생 뒤로 살짝 가서 나는 대뜸 손뼉을 쳤다. 오른쪽 먼저. 그러자, 동생이 오른손을 들었다. 그리고 왼쪽. 며칠 전까지만 해도 아무 반응이 없던 녀석이 갑자기 왼손을 들었다.

"정말 들리는 거 맞아?"
"응!"

동생이 장기간 입원했던 가천대길병원에서도 있을 수 없는 일이라며 반색을 표했다고 했다. 순간적으로 나는 한방이 양방을 이겼다고 생각했다. 엉뚱한 생각이었지만 그야말로 어안이 벙벙했다. 죽어도 여한이 없다는 말을 이럴 때, 쓰는 거지. 그날 저녁, 그 밤. 나는 다시 무릎을 꿇고 하염없이 감사 기도를 드렸다. 그리고 그때부터 내 삶도 달라졌다. 위기를 기회라고 부르게 된 터닝포인트가 바로 이 순간이었다.

내가 나를 잘 알지 못해서

사람들에게서 이런 말을 들어본 적이 있다. '보기보다 퉁명스럽다.' '걱정이 많고, 시크하다.' '도도하고 뾰족스럽다.' 이 사람들에게는 나의 못난 모습도 보여줘도 된다고 생각했던 모양이다. 사실은 그게 아닌데도 말이다. 모든 일이 불안했고, 마음에 여유가 없었다. 오해를 살만큼 누군가에게 마음과 행동이 다르게 표현하기도 했다.

이렇게 나를 다 보여줘도 남겨질 사람들은 남겨지고,
떠날 사람은 떠나는 게 인생이기는 하다.

어릴 적부터 아팠던 동생의 그늘에 가려 어른 준비가 되지 않은 꼬맹이였지만 어른스러운척했다. 본래 손이 많이 가는 아이였고 까탈스럽기도 했다. 아픈 동생의 누나이기 때문에 강하고 씩씩해야 했다. 늘 성실해야 하고, 책임감 있어야 했다. 나까지 엄마아빠를 힘들게 하면 안 된다고 생각했다. 맏이란 그런 것인가보다. 어른 아이로 성장했지만, 생각만큼 행동하지 못했고 그만큼의 결과도 따라주지 못했다. 이상과 현실의 괴리가 컸다. 이 또한 잘 알지 못해서 일어난 균열이었다.

'그 모습 그대로가 족하다.'

이 말을 12년 전의 나는 받아들이기가 힘들었다. 그때는 그걸 원했던 것이 아니었기에 오히려 원망 가득 불평만 늘어놓았다. 활력이 없었고 불안했고 쉽게 지쳤다. 이제 생각해보면 늘 타인의 시선에 눈이 가 있었다. 뭐든 남들이 하는 것만큼은 해야만 살아남을 수 있다고 생각했다. 그게 마음처럼 되지 않으니까 쉽게 좌절했고 우울감에 빠지기도 했다. 그러다가 번번이 넘어지고 다치기도 했다. 무릎이 성한 날이 없었다. 삶의 축이 되는 주춧돌이 없었고, 평형감각을 잃은 것처럼 살았다. 똑바로 걸어가는데도 기우뚱한 느낌이 들었다. 관객처럼 내 삶을 살았다. 삶을 주체적으로 살지 못했다. 숨거나 사라지듯 조용하게 존재감 없이 지낸 적도 있었다.

지금은 '위기를 기회'라고 말할 수 있는 사람이 되었다. 다그치지 않고 나의 속도를 받아주는 마음이 되었다. 비로소 나를 사랑할 수 있게 된 것이다. 부모의 사랑을 받아서도 사람은 변화할 수 있지만, 사람의 존재는 본디 쉽게 변할 수가 없도록 지어졌다. 오히려 동생의 사고를 통해서 새로운 사람으로 태어날 수가 있었다.

조금 더디고 느리면 어떠한가. 관중을 향해 속력을 내는 야생마의 모습이 인생은 아닌데 말이다. 나라는 꽃은 나 자신과 화해할 필요가 있었다. 살기 바빠 서로를 돌보지 못했던 가족들과 충분한 대화가 필요했다. 오랜 시간 가족이면서도 가족이 아닌 것처럼 살아오면서 정작 서로에게 필요한 것이 '따뜻한 말 한마디'였음을 모르는 아빠의 침묵에 숨이 막혔다. 그러나 표출하지 못했고, 마음속으로만 삭혔다. 이렇게 하는 게 착한 딸로 사는 올바른 방법인 것 같았다. (주입식 교육이 이렇게 안 좋은 거다, 라고 외치고 있다). 마음도 모르고 사람들과 소통할 줄도 모르는 바보가 되었다. 말할 것을 말하지 못하면서 속으로 스트레스를 많이 받았고, 걸어 다니는 병원으로 살았다. 이건 어쩌면 핑계를 댈 수 없는 거다. 나를 이렇게 만든 건 나 자신이기 때문이다.

'미안해'

나 자신에게 말하고 싶다. 그렇게밖에 살 수밖에 없어서 미안하다고 사과하고 싶다. 내가 나를 잘 알지 못해서 그랬어. 네 잘못이 아니야….

나에게 고맙다

갈등이 일어나는 것이 싫어서 웬만하면 사람들과 두루두루 지내고자 한다. 조금 걸리는 것이 있어도 웬만하면 불만을 표현하길 꺼리는 편이다. 못 견디게 싫어하는 성격이 있다. 바로 사과하지 않는 사람이다. 미안하다는 말할 줄 모르는 사람이다. (이런 사람은 대부분은 감사한다거나 사랑한다는 표현도 잘 쓰지 않는다). 개인적인 성향에 감정적이기까지 해서 남의 입장은 돌아보지 못하는 관종은 특히나 더더욱. 주목받길 좋아하고 때때로 사람들을 조종해서 자기 이득만 취하려는 유형이 있다.

대나무처럼 절대 부러지지 않는 내 고집과도 맞서는 성격이었기에 그를 받아들이는 건 정말 어려운 일이었다. 연애하면서 10장의 편지를 써본 적이 단 한 번도 없는데, 그 친구와 화해하려고, 정확하게는 버릇을 고쳐주려고, 그런 시도까지

한 적이 있었다. 하지만 통하지 않았다.

'미안해'

 그 한마디면 되었는데. 그걸 알면서도 말하지 않는 것 같아서 더 화가 났다. 더는 말하지 않기로 했다. 돌아보면 맞지 않는 성향의 사람과 화해해보려고 노력했던 태도가 고맙다. 그에게 사과할 기회를 주었다는 것이 다행이다. 물론 진심 어린 사과를 받지 못했지만, 원래라면 하지도 않았을 그 일을 굳이 애써서라도 노력했던 것에 위로를 건네고 싶다. 잘잘못을 따지는 것보다 중요한 건 사람이다. 돈으로 살 수 없는 게 우정이다. 그리고 사랑이다. 눈에 보이지 않는 것이 우리를 아프게 하고 기쁘게도 한다. 그 친구에게 한마디 하고 싶다.

인생은 부메랑이다
왜냐하면 돌고 도니까
너도 언젠간 알게 되겠지

가장 잘한 선택

  올해 들어 지금까지 가장 잘한 선택을 꼽으라면 '비자발적인 퇴사'를 '자진 퇴사'로 바꾼 일이다. 사장은 시한폭탄 같은 사람이라 언제라도 일어날 수 있는 일이었다. 교통사고처럼 나의 퇴사도 그렇게 비자발적으로 억울하게 끝나는 것 같았다. 연차소진을 하는 시간 동안 회사와 멀어져 있으니까 살 것 같았다. 그 시간은 길지 않았다. 울며 겨자 먹기로 시작한 재택근무가 문제였다. 일주일이 마치 일 년과도 같았다. 그것도 내 방에서 경험하는 지옥이라니. 확신컨대, 천국과 지옥은 분명히 있다. 하루가 멀다고 사장에게 전화가 왔다. 잠시 거리를 두는 척하더니, 다른 직원을 통해서 연락하고 그게 안 되니까 8시도 안 된 아침 이른 시각에 전화했다.

  "지영씨. 카톡 봐주세요."

"네, 알겠습니다."

"……뚜뚜뚜"

그리고 다시 걸려오는 전화. 어젯밤 10시에 카톡으로 보낸 업무를 진행하라는
건데 그 업무를 사무실 직원 중에 아는 사람이 없으니 전화로 하거나 직접 와서
가르치라는 것. 재택근무 2일 차에 일어난 일이다. 늘 그렇듯 자기 말만 하고, 전
화를 끊었다.

내가 어떻게 해서 재택근무를 하게 됐는지 따위는 안중에도 없는 사람이었다.
누구 때문에 이런 상황을 겪고 있는지조차 잊어버린 가해자의 전화였다. 다행히
그날의 업무는 전화로 마무리했고, 얼굴을 보지 않는 것만으로 다행이라 여기며
넘어갔다. 하지만 속이 울렁거렸고, 머리가 쭈뼛쭈뼛 섰다. 잠을 잘 수가 없었다.
평소보다 더 피곤했다. 매일같이 전화가 왔다. 사무실 직원이나 다를 바 없었다.
이럴 거면 그냥 회사에 다녔지…. 감옥에 갇힌 기분이었다. 더는 일 해주고 싶지
않았다. 앉아있는 시간이 고통이었다.

재택근무 4일 차. 생각지 못하게 다른 직원으로부터 전화를 받았다. 아니, 원래
는 다른 직원과 개인적인 전화하던 중이었다. 갑자기 끼어든 2명의 목소리는 업
무가 변경되었으니, 사무실에 직접 와서 교육을 받으라는 것을 돌아가며 말했다.

"언니도 직원이잖아요. 우리랑 월급도 비슷하게 받으시면서 하셔야죠."

'....언제부터 내가 너희 언니?'

단호하면서도 입술이 떨리는 목소리였다. 사장이 일을 죄다 쏟아붓고 갔는데, 다들 못하겠다고 한 모양이다. 이것은 아니지 않은가. 그래도 화를 내지 않았다. 연락을 의도적으로 끊어버린 전화기 주인에게도 따로 연락하지는 않았다. 나도 그대로 그들을 고이 보내주었다. 대신 스스로 퇴사하는 것으로 그들에게 크게 한 방을 날려주었다. 회사라는 곳은 늘 그렇듯 어제의 원수가 동지가 되었다가도 원수가 되는 일이 빈번하게 일어나는 곳이다.

'그렇게 충성해봐야 1년. 1년도 못 버틸걸. 쉬엄쉬엄해.'

나는 사실 이 회사에서 1년 4개월을 버틴 최장기 근로자 기생충이었다. 11개월짜리 직원만 원하는 사장에게 언제라도 버려질 수 있는 눈엣가시 기생충이었다. 잘못이 있다면 이 회사를 너무 오래 다닌 것이었다.

웬만하면 참고 또 참았다. 본인의 감정을 여과 없이 토로하는 동료들에게도 싫은 기색을 잘 표현하지 않았다. 그게 회사를 돕는 일이라고 생각했기 때문이다. 그간의 고생은 말도 안 되는 생트집 한 번으로 먼지처럼 사라졌다. 지금 같은 시국에 콜센터가 있는 회사에서 혼자 마스크를 썼다는 이유로 입에 담지도 못할 언어폭력과 고성을 듣고 퇴사를 강요받았다. 그런 이유로 퇴사를 해서 다시 그 회사의 프리랜서 재택근무로 일을 해주면 대체 나는 무엇이 되는 걸까? 무급휴가 3개월보다는 나은 걸까? 회사에 피해가 가기 때문에 곧 죽어도 실업급여는 해줄 수가 없다는 말을 듣고 할 일은 아니었다. 굳이 하고 싶지도 않은 일을 해줄 필요는 없었다.

내 인생은 내가 결정해. 나의 선택을 내가 존중해.
고마워, 애썼어. 진심으로.

이 선택이야말로 올해 내린 결정 중에 가장 잘한 일인 것 같다. 아닌 것을 아니라고 말할 수 있는 용기. 마음과 다르게 억지로 애쓰지 않아도 될 권리. 비로소 나는 자발적인 선택으로 회사를 나왔다. 자유를 되찾았다. 축하해. 이제 어떤 일을 만나더라도 꿋꿋하게 길을 찾아갈 것이다. 무소의 뿔처럼 뚜벅뚜벅. 오롯이.

그리고 이야기는 계속 된다

직장동료들은 스트레스로 병을 얻었다. 나도 마찬가지였다. 퇴근길에 맞는 침으로 겨우 하루를 버티고 버렸다. 의사 선생님이 이런 말씀을 하셨다.

"지나가는 사람일 뿐, 인생에 1도 안 되는 사람이예요.
신경 쓰지 말아요"

맞다. 지금도 분명 지나가는 시간일 것이다. 어쩌면 돌이켜 보았을 때, 기억도 나지 않을 순간이 오는 날도 있을 것이다. 1년 4개월 동안 생계를 책임지게 해준 장본인이기도 하고, 밥벌이의 소중함을 알려준 사람이기도 하다. 모든 일에 있어서 의미부여 할 필요는 없지만, 그렇다고 해서 아무 의미 없이 '그냥'으로 치부해 버리기엔 절대 당연한 것도 없고 우연인 것도 없다. 이 시간이 주는 메시지도 귀 담아들어야 할 것이다.

사람들은 말한다.
'똥차 가고 나면 벤츠 온다고.'
과연 그럴까?

인생은 그렇지가 않다. 어쩌면 더 황당무계한 일을 겪을지도 모른다. 단 한 순간 도 장담할 수 없는 것이 인생이다. 그리고 그것이 인생의 순리이다. 인생의 절대 적인 시간은 컨트롤할 수 없는 불가항력의 영역이다.

받아들이고 나면 편해진다.

방향이 맞는 건지 의구심이 들 때는 지나온 길을 돌아봐야 한다. 왜냐면 결국 내 게 답이 있기 때문이다. 어느 정도의 경험치가 쌓이면 예상 가능한 일도 생겨서 같은 실수를 두 번 하지 않는 노하우도 얻게 될 것이다. 그것이 인생의 지혜이다.

받아들이지 못해서 헤매었던 시간은 원점으로 되돌려놓았다. 처음과 같지는 않을 것이다. 나와 나 자신이 서로를 바라보는 눈이 달라졌기 때문이다. 그리고 말하고 싶다.

"나로 살아줘서 고마워. 나를 데리고 살아줘서 고마워."
"앞으로도 잘 부탁해!"

정복이

다양한 도전을 즐기는 엄마
책과 여행을 좋아하는 꿈 많은 30대
지금은 나의 마음 속 여행 중.

멍텅구리의 고백

멍텅구리의 고백

관심을 나에게 쏟으니
멍텅구리처럼 보여도 상관없었다.

 정신분석학자 이승욱 작가가 쓴 〈포기하는 용기〉라는 책에 '말 한마디에 바뀌는 삶이란 얼마나 터무니없는가.' 란 소제목이 눈길을 끌었다. 사람들은 명사의 한 마디에 자신이 변한다고 느끼지만, 우리의 삶에서 변화의 과정은 호락호락하지 않다는 글이었다. 나를 계속 바꿔가는 그 과정이 쉬운 적은 한 번도 없었다. 남을 맞춰가며 성장했던 삶은 아픔을 동반했다. 매일 체한 것 같이 속이 갑갑했다. 하지만 좋았던 점도 있다. 애꾸눈 같은 내 삶 속에 여러 가지 삶이 섞여서 다른 사람들을 이해하기도 수월해졌고, 예전에 나라면 하지 않았을 여러 가지 경험도 해봤다. 그래서 남들이 해보자고 하면 정말 무서운 것 말고는 일단 해본다. 그 안에서 새로운 나 혹은 새로운 경험을 만날 수 있으니까. 이왕 이렇게 살게 된 삶에서 버릴 건 버리고 좋은 건 받아드리자는 마음이 생긴 것이다.

 진정한 나를 찾으면서 나는 새롭게 도전하고 있다. 이 글도 도전 중 하나인데 아마 이 책을 볼 때마다 부끄러워하며 머리카락을 쥐어 잡고 있을지 모른다. 하지만 예전보단 괴롭진 않을 것이다. 다른 사람에게 잘 보이기 위해서 하는 것이 아니라 내 마음이 시키는 일을 하기 때문이다. 나를 찾는 과정에 조금의 창피함 정도는 감수하자. 나를 위한 여행에서 그 순간은 짧을 테니 말이다.

퍼즐 1

인생이라는 퍼즐 판에 작은 몇 조각 퍼즐을 맞추고는
퍼즐 맞추기를 못하겠다며 징징거렸다.
이미 완성된 그림은 보지도 않고 시작한 퍼즐인데도...

 아들은 뛰면서 노는 것보다 진득하게 앉아 노는 걸 더 좋아한다. 그런 아이와 놀 때면 다른 아이들처럼 정신없다기보다 지루해서 자주 딴 생각을 하곤 한다. 아이가 4살이 되고 퍼즐 놀이에 푹 빠져있다. 아직 놀이하는 법에 미숙할뿐더러 전체적인 그림을 보고 맞추는 요령을 알지 못했다. 그런데도 퍼즐과 대결하듯 진지했다. 아이의 미간이 찌푸려졌다가 이내 울상이 되어버렸다. 퍼즐 조각의 자리는 알 수 없고 빨리 맞추고만 싶은 마음에 짜증을 낸다. 혼자 끙끙대는 아들을 보고 있자니 문득 이런 생각이 들었다.

'이 아이가 퍼즐을 맞추는 방식처럼 내가 인생을 산 것은 아닌가.'

어차피 완성된 인생 그림을 보면서 시작하는 사람은 없는데 나만 전체 그림을 보지 못한 것처럼 안절부절못했다. 내가 가진 퍼즐 조각으론 그림이 완성되지 못할 거 같다는 두려움과 함께 살았던 어릴 적 모습이 생각났다.

불행의 시작

나에 대해 말하지 않으면서 남이 나를 알아주길 바랐다.
말하지 않음으로 나를 잃어갔다.
나 자신도 눈치 못 챌 만큼 서서히
나를 표현하는 방법을 잃어갔다.
그것을 눈치챘을 땐,
내 안에 나를 표현할 언어가 존재하지 않았다.

　초등학교 시절 나는 소위 말하는 '은따'였다. 어렸을 적부터 소꿉놀이나 인형놀이보다는 칼싸움, 딱지치기가 재밌었다. 그러다 보니 남자친구들과 곧잘 어울려 지냈는데 고학년이 되자 남자 여자 가르며 노는 분위기가 되었다. 놀던 아이들과는 자연스레 멀어졌고 여자 친구들하고 어울리고 싶긴 했는데 잘 되지 않았다. 여자 친구들 사이에는 알지 못하는 규칙이 있는 듯 보였다. 화장실도 꼭 같이 가고 무엇이든 같이해야 친해지는 것 같았고 승부가 아니라 뒷담화로 우월감을 표시하는 듯했다. 친구가 별로 없어 심심했던 찰나 무슨 대회든 나가보는 것에 관심이 생겼다.

 그 당시에는 부모님이 바빠서 나를 돌봐줄 시간이 없었는데 대회에 나가면 관심도 받을 수 있고, 특히 백일장 같은 대회는 소풍 가듯이 공원이나 유원지 같은 곳에서 글짓기를 하니까 콧바람도 쐬는 거 같아 좋았다. 입상 같은 것을 하면 좋았겠지만 크게 바라지 않았다. 그냥 아이들이 잘하는 것만 봐도 좋은 경험 같았다. 그러던 중 학급회장을 맡고 있던 아이가 청소 시간에 선생님 없는 틈을 타 대뜸 앙칼지게 말했다.

"반에 잘하는 친구가 있는데 왜 네가 나대냐?"
 초등학교 시절의 이 한마디가 내 청소년 시절을 달라지게 했다. 말한 이는 잊었을 수도 있고, 누구에게는 아무렇지도 않은 말일 수 있는데 20년도 더 된 지금도 그 상황이 생생하다. 같은 반 친구들이 나를 싫어한다는 확신을 주었기 때문이다. 오랫동안 열지 않은 수도꼭지에서 녹물이 우르르 나오듯이 아이들의 행동과 말투들이 생각났고, 은연중 반 아이들에게 느꼈던 소외감이 마음속에 솟구쳤다.

 나는 도저히 이해할 수가 없었다. 내가 나가고 싶어 나가는 게 그렇게 잘못인가.

왜 잘하는 애들은 다른 애가 추천해줄 때까지 가만있는 건가 또 왜 저 애가 나에게 화를 내는지, 다들 공감한다는 듯 쳐다보기만 할 뿐 누구 하나 이 상황에 대해 친절히 설명해 주지 않았다. 그들은 나와 다른 세계 사람 같았고, 이해되지 않는 행동들이 당연하다는 듯 말로 하는 합의가 아닌 무언중에 이루어지는 그들만의 세계가 신기하기만 했다.

서툴렀던 어린 시절 유일한 관심거리를 빼앗겼고, 그 관심은 친구들을 향했다. 그들 세상에 속하기 위해 내 마음을 숨기기로 했다. 그렇게 나를 외면하고 나를 잃어갔다.

선택

선택을 할 때,
항상 사람들에게 조언을 구했다.
그 조언이 득인지 실인지
구분하지도 못하면서...

 나를 숨기고 공감하는 척하니 친구들이 생겼다. 주로 다른 사람의 의견이 필요 없는 아이들이 친구였지만 외롭지 않아 좋았다. 자기주장이 강한 아이들을 볼 때면 닮고 싶었다. 어떻게 저렇게 당당할 수 있을까 싶고 설령 자기 의견을 틀렸 다 해도 쿨하게 인정하거나 당당히 자신의 의견임을 밝혔다. 나를 표현하지 않기 로 했음에도 그런 친구들이 부럽기만 했다. 소극적인 성격이 된 나는 그들에게 무슨 일이든 물어보며 행동했다. 친구들의 문제를 내 일처럼 걱정하고 고민했기에 그들도 내 문제를 진지하게 고민하고 얘기해주는 줄 알았다. 결과가 나빴을 때도 남이 해준 이야기를 의심한 게 아니라 나를 꾸짖었다.

남들은 그 조언대로 했으면 됐을 텐데
내가 못 해서 이렇게 된 거라고 탓했다.

결혼 후 반려자와 앞으로의 인생을 상의할 때가 많다. 서로 배려하면서 이야기를 하지만 밀접한 관계를 맺은 남편조차 자기 이익과 지분을 따져가며 자신의 유리한 쪽을 주장하기도 한다. 그제야 나는 깨달았다. 친구들 입장에 유리한 조언을 하는 이도 있었고, 얼굴과 태도에 미묘한 귀찮음을 내비치는 이들도 있었다. 무의식중에 눈치챘었지만, 유대관계를 위해 애써 외면하며 대충 말해주는 조언을 철석같이 믿으려 했다.

한번은 친구가 입던 예쁜 옷을 따라 산적이 있었다. 처음 입었을 땐 예쁜 옷을 입는다는 생각에 들떴지만 종일 배에 힘을 주고 있어야 했다. 결국엔 소화도 안 되고 먹는 것도 제대로 먹지 못하고 종일 언짢은 표정으로 다녔었다. 조언은 분명 누군가에게는 좋은 얘기일 수 있다. 하지만 맞지 않은 옷을 무리하게 입은 것처럼 성격이나 타입에 맞지 않은 누군가의 말은 참고만 해야 한다는 걸 뒤늦게 알았다. 최선의 답은 나에게 있다는 걸, 그땐 정말 몰랐다.

나에게 관대한 나

남에게는 이상적인 잣대로 평가하고
나에게는 한없이 관대했다.

보이지 않는 가면을 쓴 채 사람을 대하니 마음에 병이 생기고 있었다. 사춘기 들어서는 거의 날마다 울었다. 이유는 딱히 없었다. 울어야 속이 후련했다. 항상 남들을 맞춰준다 생각했기에 늘 피해자라 생각했다.

고등학교에 들어가서는 친구에게 상처를 주는 일도 생겼다. 그 친구는 어쩐지 초등학교 시절의 나와 닮았었다. 자신의 감정에 솔직하며 깔끔한 성격이었다. 내가 살던 곳은 시골 마을이라 '서울깍쟁이'라는 말이 있었다. 사람 간의 선을 잘 긋고 말투가 "~했니?"라고 끝맺으면 서울깍쟁이라고 놀리는 투로 말하곤 했다.

그 친구가 딱 그 스타일이었다. "걔 너무 까탈스러운 거 같아~" 어떤 아이의 한 마디로 결국 다들 불만을 얘기하기 시작했고, 결국에는 그 애를 불러놓고 한마디씩 하기에 이르렀다. 사람의 기억은 잔인하다. 내가 받은 피해는 그리도 생생한데 내가 준 피해는 잘 생각이 나질 않는 걸 보면 말이다. 그 아이에게 둘러앉아 한마디씩 한 건 알겠는데 무슨 말을 어떻게 했는지 기억이 잘 나지 않는다. 나는 작은 말에도 상처받았었는데 왜 그 애가 상처받을 거란 생각을 못 했을까. 지난 후에야 감정을 돌이켜보니 질투였던 거 같다. 나도 나를 버렸으니 너도 버리라는 심보였다. 세월이 흘러 그 친구의 연락처를 알게 됐다. 너무 기쁘고 반가운 나머지 아무렇지 않게 인사하고 옛이야기를 해댔다. 그 후 연락이 되지 않았다. 그때야 아직 상처가 치유되지 않은 친구에게 내가 또 상처를 줬다는 것을 알았다. 연락을 할 수 없는 그 친구에게 염치없지만 여기서라도 사과의 말을 꼭 남기고 싶다.

"미안해.. 이 말이 너의 지난 상처를 덮어줄 거라는 생각은 하지 않아. 쉽게 용서해줄 거라는 생각도 못 하겠어, 아마 너는 잊었을 수도 다른 사람을 통해 마음에 상처가 회복됐을 수도 있지만, 내 사과가 네 10대 때 받은 상처를 조금이라도 보듬어 줄 수 있지 않을까 하는 바람에서 미안하다는 말은 꼭 전하고 싶었어."

성장통

나에 대해 말을 많이 하면
그 사람이 나를 알아줄 줄 알았다.

 누군가와 이야기를 할 때면 엔도르핀이 생기는 듯해 수다 떠는 것이 좋았다. 하지만 남들과 이야기할 때 좋지 않은 버릇이 있었는데 하나는 상대방이 말을 할 때 끊어버리는 것과 수다 시간이 길어지면 쓸모없는 얘기를 한다는 거였다. 상대방이 말을 할 때 생각나는 것이 있으면 바로 이야기를 하고 싶은 욕망이 튀어나와 버렸다. 사람들이 싫어하는 걸 알면서도 쉽게 고쳐지지 않았고, 이미 자존감이 바닥인 상태라 내 얼굴에 침 뱉는 이야기도 많이 했다. 말은 무서운 무기 같다. 내가 멍텅구리라고 말하고 다니면 다른 사람들 뿐 아니라 나까지 그렇게 믿게 된다. 그런데도 아무렇지 않게 내 치부 같은 얘기를 하고 다녔다. 사람들이 나에게 아무 기대가 없는 게 좋기까지 했다. 다른 이들이 나에겐 기대지 않고 나는 기댈 수 있으니 편했던 거 같기도 하다.

그러나 결혼하고 아이가 생기니 난처해졌다. 내 이미지가 남편의 이미지고 아이의 이미지가 되었다. 이래선 안 되겠다 싶었지만 오랜 시간 지속해 온 습관이라 쉽게 고쳐지지 않았다. 특히 육아가 너무 힘들었기에 모든 불만을 수다로 해소했다. 그럴수록 남편과는 멀어지고, 자괴감도 최고조에 달했다.

우연히 도서관에 붙어있는 독서 모임에 관한 안내문을 보게 되었다. 몇 번을 망설이다 참여하게 되었는데 평일 아침에 하는 모임이라 나이 드신 분들이 많았고 주로 여성분들이었다. 사실 어른다운 어른을 만난 적이 거의 없었기 때문에 그리 큰 기대는 없었다. 그날 주제 책은 장 그르니에의 〈섬〉이었는데 어떤 분이 자신이 추천한 책이라며 감명 깊게 읽었다는 구절을 소개했다. 60대정도 되어 보이셨는데 가슴이 벅차 입술을 떨어가며 한 구절 한 구절 읽어주는 모습이 마치 10대 소녀 같았다. 그뿐 아니라 '난 늙어서 젊은 사람에게 배워야 해'라고 말씀하시는 분도 계셨다. 나이 상관없이 평등한 자세로 서로의 의견을 주고받았고 서로의 다름을 확인하면서도 인정해주는 모임이었다. 전에는 다른 사람들에게 내 의견을 말하는 것이 워낙 서툴렀기 때문에 자주 묵살되곤 했었는데 그럴 때마다 나 자체가 무시당하는 기분이 들었다. 그런데 독서 모임에선 책의 말을 빌려 이야기를 하니 수월하게 의사소통이 되었고, 10명 정도의 어른들이 내 이야기에 경청해주며 솔직히 얘기를 하는데도 무시되거나 미움 받지 않았다. 오히려 나와 이야기 하는 것이 즐겁다는 분도 계셨다.

그 고마운 경험을 통해 30년 넘는 세월 동안 착각에 빠져 살아왔다는 걸 깨달았다. 어린 나는 솔직한 나를 사람들이 알게 되면 싫어할 거라고 그대로 믿으면서 자라왔다. 억지로 나까지 속이며 누군가의 사랑을 듬뿍 받고 싶어 애걸하는 내가 그제야 보였다. '있는 그대로 모습으로 사랑받고, 인정받고 싶었구나.' 쭈그려 앉아 울고 있는 어린 나를 처음으로 안아주었다.

퍼즐 2

쉽게 맞춰지는 퍼즐 조각을 둔 채,
위치를 알 수 없는 조각을 붙들고
업보인 양 살아왔다.

　고3 때 부실장을 맡은 적이 있다. 실장이 자신만 학습 분위기를 조성하기 힘들다며 나보고 도와 달라고 했다.
"조용히 해!"
악을 쓰며 얘기했다. 자신감, 자존감 둘 다 부재한 탓에 과한 반응이 나갔다. 그런 내가 어떻게 부실장까지 했는지 알다가도 모를 일이다. 점점 초라해지는 나를 보며 친구들은 없었지만, 진짜 내 모습으로 살았었던 초등학교 때 모습이 그리워졌다. 가끔은 중고등학교 친했던 애들보다 내가 관심 있던 친구들이 더 생각날 때가 있다.

어쩌면 그 애들이 나랑 더 맞는 애들이 아니었을까. 성격을 바꾸지 않고 직관대로 살았다면 조금은 외로웠어도 나와 정말 맞는 친구를 찾을 수 있지 않았을까. 친구 사귀는 거 외에 다른 것에 집중했다면 더 대단한 일을 할 수 있지 않았을까.

이런 후회들로 괴로웠다. 몸은 컸어도 마음은 늘 과거에 있었고, 억울하고 못 했던 일들만 집중하다 보니 무엇을 하든 좋은 결과는커녕 끝맺음이 항상 희미했다. 스스로 못났다는 생각이 머릿속을 지배했다. 과거에서 헤어나오지 못하면 앞으로 나아가지 못할 거란 생각이 들었다. 고전이나 여러 책을 접하면서 과거의 나를 되짚어 보는 시간이 잦아졌다. 얼마 전에 정신과 의사인 문요한 작가가 쓴 〈관계를 읽는 시간〉을 읽고 지난 과거에 제일 아픈 부분이 사람 간의 관계 때문이라는 것을 알게 되었다. 알게 모르게 지나간 사람들을 미워하고 있거나 그리워하고 있었다. 세월이 흘러 연락도 안 되는 그들과의 관계를 맺고 끊는다는 게 가능한지 의문이 들었다. 괴로워하는 나를 보며 남편이 이런 얘기를 해준 적이 있다.

"사람은 장단점이 다 있고, 좋은 점을 가진 사람이 있다면 그 좋은 점 때문에 단점이 있고, 단점을 가지고 있는 사람이 있다면 그 단점 때문에 좋은 점을 가지고 있어~"

그 말을 적용해보니 정말 맞는 말 같았다. 나는 뭐든지 과장하는 습관이 있는데 그것 때문에 조그만 일에도 금방 놀라곤 하면서 주위 사람들을 귀찮게 하기도 하지만 작은 일에도 크게 반응하기 때문에 사람들이 즐거워할 때도 많다. 어떤 친구는 놀기도 좋아하고 화통한 성격이라 통 크게 선물을 주기도 하고, 여행할 때 즐거움을 주기도 하지만 말과 행동이 거칠다. 그런 관점으로 바라보니 싫은 사람도 적어지고, 과거에 사람들도 조금은 놓아줄 수 있었다. 무엇보다 나의 단점 속에 숨어있던 장점을 찾아내면서 나와 화해할 수 있었다.

아들은 퍼즐 조각 하나를 들고 또 어디 둬야 할지 고민 중이다. 판이 있는 퍼즐은 일단 귀퉁이부터 맞추면 수월하게 맞출 수 있는데 가르쳐 줘도 아들은 계속 자기 놔두고 싶은 것만 붙들고는 나보고 말하지 말고 가라는 식으로 팔을 휘젓는다. 나 또한 쉽게 맞출 수 있는 퍼즐 조각을 두고 내가 맞추고 싶은 조각만 오랜 시간 붙들고 있었다는 생각이 든다. 퍼즐의 훈수도 결국 아이에게는 답이 아닐 수 있고, 각자 편안한 방법이 있을 수 있다. 아들 또한 퍼즐을 맞춰가며 아들 나름의 결론을 내릴 것이다. 다만 다른 방법을 찾지 않은 채 퍼즐 조각을 흩트리며 '퍼즐 해보니 안 되네'라며 급하게 단념하고 포기하는 일이 없기를, 더 나아가 지난날의 나처럼 '난 아무것도 잘하는 게 없어!'라며 스스로 단정 짓지 않길 바랄 뿐이다

슬슬

빠르게 돌아가는 세상에서 천천히 살고 싶고, 정신없는 일상에서 여유롭게 살고 싶지만 쉽지 않음. 어쩌다 글쓰기라는 여정을 시작하게 되었는데 시작한 김에 재미있고 공감 가는 글을 쓰고 싶음.

수명카드

『안녕하세요. 저희는 수명카드입니다.

저희 카드사는 고객님의 수명을 담보로 금액을 제공해드리는 서비스를 제공하고 있습니다. 본 서비스 이용자에 적합하다 여기어 곧 카드가 발급될 예정입니다. 서비스 이용을 원치 않으시면 카드를 반으로 절단하여 버려주시면 됩니다.

서비스 안내
- 수명 시간을 초로 환산하여 결제 금액으로 사용됩니다.
- 과도한 사용 방지를 위하여 월별로 한도 제한이 있을 수 있습니다.
- 한도가 초과하는 경우 신체에 부담이 발생합니다.

유의사항
- 현금 인출 서비스는 제공되지 않습니다.
- 남은 수명에 대해서는 알려 드릴 수 없습니다.
- 타인에게 양도 시 불이익이 발생할 수 있습니다.
- 한도를 과도하게 초과하여 사용하는 경우 불이익이 발생할 수 있습니다.

저희 카드사는 고객센터가 없으므로 문의 사항에 대한 처리가 불가능하오니 양해 부탁드립니다. 앞으로 많은 이용 부탁드립니다.』

1

통장 잔액을 확인하고는 도시락을 집어 들었다. 계산대로 계산을 위해서 카드를 건넸다. 결제가 안 된다는 말과 함께 카드가 돌아왔다. 서둘러 잔액을 확인해보았다. 핸드폰 요금이 빠져나가서 잔액이 없었다. 도시락을 제자리에 두고는 편의점을 나왔다. 한숨을 쉬고는 기숙사로 발걸음을 옮겼다. 곧 졸업식이 다가오기에 짐을 정리해야 했다. 짐이라고 해봐야 필요한 화장품과 옷 몇 벌이 전부다. 상자의 절반은 공기가 차지했다. 가벼운 무게지만 가볍지 않은 마음으로 고시원으로 향했다.

1년 뒤, 편의점 의자에 앉아서 핸드폰을 만지작거린다. 인터넷 기사는 취업 불황이라는 이야기만 수두룩할 뿐이다. 그나마 채용하는 곳은 경력신입이나 중고

신입을 채용했다는 기사만 간혹 보인다. 참으로 어울리지 않는 단어 조합이다. 신입이 어떻게 경력을 가졌는지 이해할 수가 없다. 나이도 늘어만 가고 있으니 걱정은 배가 된다. 그래도 면접은 꾸준히 진행하고 있으니 좋은 소식이 있으리라 믿어본다.

 어느새 엄마에게 용돈을 보내는 날이다. 많은 돈은 아니지만 용돈 겸 병원비를 보내드리고 있었다. 엄마는 내가 취직해서 용돈을 보내드리는 것으로 알고 계신다. 아빠는 일찍 돌아갔고 엄마는 농사일을 하고 있다. 고된 농사일은 몸이 금방 상하게 마련이다. 그래서 얼른 자리를 잡고 쉬게 해드리고 싶었다. 그러니 취업을 못 했다는 말은 꺼낼 수가 없었다. 이번 달도 빠듯하지만 조금이라도 저축은 할 수 있게 되었다. 폐기 처리되는 음식으로 식비를 충당한 보람이 있다.

 아침부터 문자 알림으로 실눈을 뜬 채 아침을 맞이했다. 아르바이트도 쉬는 날이라 늘어지게 자고 싶었는데 누가 방해하는지 확인해야 했다. 첫 문장이 눈에 띄었다. 최종 합격이라는 단어가 눈에 들어왔다. 문자 내용은 출판사 비정규직 합격 통보였다. 1년간의 평가를 통해서 정규직이 될 수도 있었다. 최소한 중고 신입이라도 될 방법이 생긴 셈이다. 출근 일자를 통보받고 처음으로 편의점에서 제일 비싼 도시락을 샀다. 도시락을 펼치고는 비싼 밥을 목으로 넘긴다. 비싼 가격만큼의 맛은 아니고 그저 밥일 뿐이었다. 일단 직장인이 되기 위한 첫걸음을 성공한 것으로 만족하기로 했다. 조금 늦은 감이 있지만, 이제는 일이 잘 풀릴 것 같은 느낌이다.

 비정규직으로 출근하여 담당하게 된 업무는 출판기획이었다. 시장조사를 통하여 트렌드를 분석하거나 판매를 위한 마케팅을 전략을 세우는 업무는 없었다. 자료조사나 문서정리가 주 업무였다. 처음 하는 일이다 보니 헤매는 일이 많았다. 우왕좌왕할수록 몸은 더욱 긴장하였다. 그래서 그런지 고시원으로 돌아오면 잠부터 잤다. 그렇게 한 달이 쏜살같이 지나갔다.

 엄마에게 거짓으로 얘기한 월급날이 아닌 진짜 월급날이 찾아왔다. 금액은 아르바이트할 때보다는 조금 늘어났지만 예상치 못한 문제점이 있었다. 아르바이트할 때는 폐기된 음식으로 식비를 아끼면서 용돈을 많이 드렸다. 그러나 지금은 회사 직원들과 함께 점심을 먹은 게 생각보다 지출이 컸다. 아르바이트하면서 조금씩 모은 잔고는 바닥이었다. 그렇다고 엄마에게 보내는 돈을 줄일 생각은 없었다. 저번에 엄마와 통화 했을 때 목소리가 지친 것 같아서 걱정되었다. 물론 엄마는 별거 아니라고는 하지만 자꾸 병원을 가보라고 치근대기만 했다. 병원은 잘 다니고 있다고 하니 그나마 안심했다.

 한 달에 몇 번씩 강제적 다이어트를 하기로 선택하였다. 직장인에게 점심시간은 활력이 되는 시간이지만 이제는 그마저도 누리지 못하게 되었다. 고시원 월세를 벗어나자는 것도 아니고 식사라도 제대로 하기 힘든 현실은 퇴보한 삶의 질을 보여주었다. 이런 삶이 지속되는 거라면 이뤄질 수는 없겠지만 허무맹랑한 꿈이라도 꾸고 싶다. 사고 싶은 거 다 사고 돈 걱정 없이 사는 삶은 어떨지 감히 상상도 되지 않는다. 그러면 얼마나 행복할까?

2

 뭔가 꿈을 꾸었지만, 기억이 나지는 않는다. 시계는 지각하기 아슬아슬한 시간을 알려주고 있었다. 허겁지겁 준비하고 버스정류장으로 뛰어갔다. 핸드폰을 꺼내어 시간을 다시 확인했다. 아슬아슬하게 버스를 탈 수 있을 것 같았다.
"저기요, 카드 떨어졌어요."
 남성이 다가와서는 카드를 건넨다. '감사합니다.'라는 말과 정류장을 돌아보니 버스가 출발하려고 있었다. 버스를 겨우 잡아서 탔다. 카드로 태그를 하고는 남아있는 빈자리에 앉았다. 주워준 카드를 보니 묘하게 달랐다. 카드 뒷면에는 내 이름과 사인이 되어있다. 잘 못 기억하고 있어나 보네. 우선은 버스에서 자는 게 더 중요했다.

지각은 겨우 면했지만 정리해야 할 문서와 자료조사를 부탁하는 메일이 한가득이다. 오전부터 정신없이 일 처리를 하고 보니 점심시간이 다가왔다. 하나둘 짝지어서 나가고 있었지만 나갈 수가 없었다. 다들 점심 안 먹냐는 질문에 오늘은 다이어트를 한다고 얘기할 수밖에 없었다. 모두가 나가고 커피나 사러 밖으로 나갔다. 우선은 카페인을 채우면서 가볍게 산책을 하기로 했다. 어깨를 누르고 있던 피로가 바람과 함께 날려버리고 카페인으로 활력을 다시 불어넣는다. 사무실로 돌아오니 점심시간이 끝났음을 알리는 메일 도착 알림음이 조화로운 하모니를 이루고 있었다. 조화로운 소리에 한숨을 얹으려고 했지만, 평가에 불리하지 않을까 호흡을 가다듬기만 했다.

퇴근 시간이 다가오자 분명 녹초 같은 체력이었지만 퇴근할 기운이 다시 생겨났다. 버스를 타고 다시 고시원으로 들어가는 길에 편의점에 들렀다. 제일 싼 도시락을 하나 집어 들고는 카드를 냈다. 직원은 영수증을 준다는 얘기에 필요 없다는 대답을 하고는 가게를 빠져나왔다. 문자메시지 알림이 울렸다. 오늘 버스도 타고 커피도 샀고 도시락도 샀는데 한 번도 확인을 못 했다고 생각했다. 문자를 읽어보니 문자 내용은 황당함 그 자체였다.

『남은 인생에서 1,500초(25분) 차감 결제.』
『남은 인생에서 2,000초(30분) 차감 결제.』
『남은 인생에서 3,000초(50분) 차감 결제.』

뭐지 싶은 내용이었다. 편의점으로 다시 들어가서 정상적으로 결제되었냐고 물었다. 점원은 시큰둥한 표정을 지으며 대답했다.

"네, 잘 결제됐어요. 영수증 드려요?"

"아, 네 영수증 주세요."

건네받은 영수증에는 수명카드라고 적혀 있었다. 찜찜한 마음을 안고는 고시원으로 향했다. 책상에 앉아 서둘러 노트북을 펼친다. 인터넷에 수명카드라고 검색을 해도 아무런 정보를 찾을 수 없었다. 발신자도 비어있기에 전화로 물어볼 수도 없었다. 혹시나 카드사에서 문자 내용을 잘못 보냈을 거라 생각이 들었다. 은행과 카드사에서 사용 내용을 확인해보니 빠져나간 돈은 없었다. 다만 쓰고 있던 카드는 분실신고가 되어 있었다. 대체 무슨 일이 생기고 있는 거지. 순식간에 온몸에 소름이 돋았다.

침대에 앉아서 책상에는 놓여 있는 카드를 쳐다본다. 돈을 마음껏 쓰고 싶다고 했다고 했지만 이런 방식을 원하지는 않았다. 마음껏 쓰고 싶으면 목숨이라도 내놓으라는 건가. 세상에 쉬운 일이 없다지만 이렇게 어려운 일도 없을 것 같다. 뜬눈으로 밤을 지새웠지만 생각은 정리되지 못했다.

출근을 준비하면서 버스비를 위해서 현금을 긁어모아 챙겼다. 사무실에 도착해서 의자에 앉아 있지만, 정신은 가출 상태이다. 핸드폰 알림 소리에 정신을 차렸다. 어제저녁에 카드 재발급을 받으러 가는 일을 잊어버릴까 봐 저장한 알림이었다. 은행이 멀리 있기에 몰래 나갈 채비를 하고는 의자에서 일어나려고 했다.

"다들 나 몰래 어제 다 같이 논 거야?"

오전부터 졸고 있는 직원들에게 농담을 던지는 팀장이었다.

"잠도 깰 겸 커피 내기 사다리나 타자"

"주희 씨도 같이해요."

은행으로 향하던 걸음을 멈추고 다시 돌아와야만 했다. 종이에 사다리를 그리고는 한 명씩 번호를 선택했다. 나는 마지막 번호를 선택했다. 차례가 오기 전에 앞번호에서 걸릴 거라 생각했다. 첫 번째부터 꽝이었다. 연달아 꽝이 나오고 있었다. 이제는 긴장되는 마음으로 차례를 기다리기 시작했다. 그리고는 불길한 마음에 생각이 요동친다. 내가 걸리면 어떡하지 아직 카드 재발급도 못 받았는데. 현금도 버스비로 겨우 냈는데. 늘어나는 근심은 무참히 짓밟혔다. 각자 종이에 마실 음료를 하나씩 쓰고는 자리로 돌아갔다. 지갑을 열어보니 수명카드가 눈에 띄었다. 주위를 살피니 다들 얼른 사 오라는 재촉의 눈 화살을 보내고 있었다.

카페에 서서 종이에 적혀있는 차례대로 주문했다. 가격은 22,500원이었다. 지갑을 열어 카드를 바라보고만 있었다. 사정을 얘기하고 저녁에 다시 돈을 드릴지. 이 카드를 써야만 할지. 아직 생각을 정리하지 못했다. 그때 직원이 한껏 짜증 섞인 목소리로 말했다.

"결제 안 하실 거예요?"

"아, 아니요. 이걸로 결제해 주세요."

『남은 인생에서 22,500초(6시간) 차감 결제.』

음료를 받아 들고는 사무실로 돌아가는 발걸음이 무겁다. 잘 마시겠다는 말은 귀에 들어오지 않았다. 우선 은행으로 달려갔다. 카드 재발급을 받고는 안도의 한숨을 쉴 수 있게 되었다. 그래서 수명카드를 쓰레기통에 넣으려던 찰나 더욱 무서운 생각이 들었다. 누군가 이 카드를 주워서 마구 사용해서 내 수명이 줄어들면 어쩌지. 일단은 수명카드는 지갑에 넣어 두기로 했다. 카드를 사용하지 않으니 별다른 일은 일어나지 않았다. 문자를 받을 일도 없으니 마음은 안정을 찾아가고 있었다.

며칠 뒤, 어김없이 버스 정류장을 향해 달리고 있었다. 한 손에 핸드폰으로 시간을 확인하며 아슬아슬한 마음을 놓을 수 없었다.

빵!

순간 차도에서 경적이 울렸다. 갑작스러운 소리에 놀라서 손을 허우적거렸다. 정신을 차리니 손에서 느껴져야 할 무게가 느껴지지 않았다. 핸드폰은 액정이 깨져있는 채로 바닥에 떨어져 있었다. 핸드폰을 줍고는 전원을 다시 켜보지만 아무런 반응이 없었다.

"이거 수리 비용이 꽤 나오겠는데요?"

"얼마 정도 들까요?"

"최소한 30만 원은 생각하셔야 되요."

금액을 듣고는 넋이 나가버렸다. 매달 버티면서 살고 있기에 당장 돈을 마련할 방법은 없었다. 적금을 깰 수도 없고 그렇다고 수리비를 모을 때까지 핸드폰을 안 쓰고 살 수도 없었다. 지갑을 열어 수명카드를 보고는 고민이 되었다. 깨진 핸드폰 액정을 한 번 더 쳐다보고는 결심했다. 이번 한 번만 쓰고 앞으로는 쓰지 말자.

『남은 인생에서 325,000초(3일) 차감 결제.』

이 정도의 수리비라면 최소한 한 달은 혹독하게 보내야 했다. 상상만 해도 얼마나 우울한 날들일지 알고 있다. 그러나 기분이 묘했다. 아주 살짝 열린 마음의 문틈으로 살랑거리는 바람이 들어왔다. 수명이 줄어서 두려워야 했지만 편리함에 살짝 취한 느낌이었다. 우울한 미래를 편안한 생활로 바꿀 수 있다면 조금은 누려보고 싶다는 생각이 들었다. 그저 생활비만이라도 해결된다면 지금을 만족스럽게 살 수 있지 않을까?

생활비를 카드로 결제하는 것만으로도 만족스러웠다. 월급에서 빠져나가는 생활비가 없으니 저축 금액도 늘어났다. 엄마한테 보내는 돈도 더 보내드릴 수 있었다. 이렇게만 살아가도 불편함 없이 살 수 있는 희망이 보였다.
"주희 씨, 잠깐만 여기로 와줄래요?"
의자에 일어나서 책상을 스쳐 지나가려는 순간이었다. 책상 모서리에 짧게 튀어나온 나무에 블라우스 옆쪽이 걸려서 찌이익 소리와 함께 옆구리가 찢어졌다. 심하게 찢어지지는 않았지만 다시는 입을 수 없는 상태였다. 고시원으로 돌아와 노트북을 펼치고 쇼핑몰에서 옷을 찾아보기 시작했다. 가지고 있는 옷이 많지 않아서 쇼핑이 필요했다. 역시나 아이쇼핑은 즐겁다. 예뻐 보이는 옷들은 일단 장바구니에 담아둔다. 평소 같았으면 그중에서 제일 싼 옷으로 주문했었다. 지갑에서 수명카드를 꺼내고는 잠시 고민을 해본다. 카드와 결제금액을 번갈아 쳐다보았다.

『남은 인생에서 500,000초(5일) 차감 결제.』

달콤한 향이 입안에서 감돌고 있었다. 이게 바로 돈 쓰는 맛인가?
고시원으로 도착한 택배 상자는 방이 비좁아지기에 충분했다. 옷을 하나씩 꺼내 보면서 방이 비좁은 것은 신경 쓰이지 않았다. 문 뒤에 붙은 전신거울 향해 옷을 하나씩 걸쳐본다. 무릎까지 떨어지는 적당한 길이의 하얀색 스커트와 은은한 핑크색의 블라우스를 걸쳤다. 단정한 커리어우먼 스타일이 완성되었다. 내일 출근 할 때 입을 옷이 결정되었다. 일단 나머지 옷들도 정리하면서 하나씩 걸쳐본다. 흔들리는 갈대와 같이 옷을 입을 때마다 마음이 바뀐다. 좁은 고시원에서 한밤중에 패션쇼를 펼쳤다. 결국, 내일 입을 옷은 처음에 입어 봤던 옷으로 결정했다. 옷이 날개라는 말이 괜히 생긴 것 같지 않다. 이렇게 스타일만 바꿨는데 자신감이 다소 생겨났다.

출근길 기분이 상쾌하다. 회사에 도착하자마자 다들 잘 어울린다는 칭찬 일색이다. 사람들이 쳐다보는 눈초리가 달라졌다. 밤 중에 패션쇼를 열심히 한 보람이 느껴지는 순간이었다. 사람들의 관심이 이리도 기쁜 줄 몰랐다. 고시원으로 돌아오니 방바닥에 차곡차곡 정리된 옷이 먼저 보인다. 옷을 보면서 뿌듯한 생각이 들었다. 마음에 드는 옷이 많아서 좋았지만, 고시원의 작은 공간은 행복하지 못했다. 방이라도 조금 넓었으면 하는 생각이 절로 들었다. 아파트는 카드 결제가 안 되니 카드를 이용할 수도 없었다. 아쉬움을 뒤로하고 잠이 들었다.

오늘 아침은 왠지 머리가 무거운 것 같아서 힘겹게 일어났다. 핸드폰을 보니 문자가 한 통 도착해 있었다.

『이번 달 한도 시간인 100만 초(11일)를 초과 사용하였습니다.
오늘부터 1일간 경미한 두통이 발생합니다.
수명 환산 결과 다음 달 한도 시간은
300만 초(34일)로 늘어나게 됩니다.』

수명을 담보로 돈을 쓰게 해주지만 적당히 쓰라는 주의였다. 아픈 머리를 부여잡으면서 문자 내용이 거짓이 아님을 실감하고 있었다. 이 정도는 두통약을 먹으면 괜찮을 거라는 생각을 했다. 출근 준비를 마치고 버스를 타러 가는 길에는 머리가 아프지 않았다. 하루 동안 두 번 정도 지끈거림이 있을 뿐 별일은 없었다.

다음날이 되니 정말로 두통은 온데간데없었다. 정말로 하루만 아프면 되었다.

두통 정도야 평소에도 있는 일이니 상관없었다. 혹시나 다음 한도를 넘기지 않도록 조심해야겠다는 생각만 들었다. 늘어난 한도 금액을 보니 돈을 더 쓸 수 있다는 생각에 입가에 미소가 저절로 생겼다. 어디에 쓸지 고민할 필요가 없었다. 이 공간을 벗어나고 싶다는 생각을 늘 했으니까.

원룸 보증금을 적게 내고 월세를 카드로 낼 수 있는 곳을 찾기 시작했다. 역시나 기회는 있었다. 회사와 거리는 좀 멀어지기는 하지만 조건이 딱 맞아떨어졌다. 직접 찾아가서 방도 확인하였다. 원룸을 둘러보니 환한 채광이 가슴 속으로 스며 들어왔다. 아무것도 없는 공간이었지만 고시원과는 다르게 따뜻하고 안락함을 느껴졌다.

이사는 일주일 뒤로 잡혔다. 고시원에서 정리할 짐이라고 해봐야 많은 양이 아니었다. 그저 옷만 좀 많을 뿐이었다. 원룸에 입주하여 옷장에 차곡차곡 정리를 마치고 방을 둘러봤다. 머릿속에는 이미 인테리어가 진행되고 있었다. 넓은 방에 걸맞게 노트북이 아닌 큰 TV를 두고 싶었다. 65인치 TV를 결제하면서 침대도 같이 결제했다.

『남은 인생에서 250만 초(28일) 차감 결제.』

순간 아차 싶었다. 한도 금액을 넘겨 버린 것이다. 이번에는 어떤 고통을 겪게 될지 알 수가 없으니 불안했다. 바닥에 누워서 초조한 마음에 베개를 품에 안았다. 그러나 무거워지는 눈꺼풀을 이기지 못하고 깜빡 잠이 들었다.

『이번 달 한도 시간인 300만 초(34일)를 초과하였습니다.
오늘부터 3일간 감기가 발생합니다.
추가로 수명 환산 결과 다음 달 한도 시간은
500만 초(57일)로 늘어나게 됩니다.』

기침하면서 눈을 떴다. 문자를 확인해 보니 기침이 왜 나는지 이해가 됐다. 감기 정도면 약 먹으면 괜찮아질 거라 생각했다. 감기약을 하나 입에 털어 넣는다. 기침은 심하지는 않았지만 끊임없이 계속되었다. 직장에서도 병원을 가보라는 걱정이 많았다. 근처 병원에서 주사를 맞고는 약을 받았다. 그러나 기침은 좀처럼 줄어들지 않았다. 4일째 되는 날 감기 증상은 말끔하게 나았다. 저번과 비교해 아픈 날이 늘어나기는 했지만 감기라서 괜찮았다. 그래도 혹시 모르니 다음 한도는 넘지 않도록 조심은 해야 할 것 같다.

드디어 TV가 설치되는 날이다. 아직 침대는 도착하지는 않았지만 불편한 자세로 TV를 시청한다. 큰 화면으로 보이는 드라마는 실감 나는 감상을 하게 해주었다. 감탄사와 함께 채널을 돌릴수록 역시 돈이 좋다는 생각이 머릿속을 지나갔다. 방을 둘러보면서 인테리어는 더 해야겠지만 지금 상태만으로도 남에게 자랑하고 싶은 마음이 꿈틀거렸다. 오랜만에 인스타그램을 켰다. 취업을 못 하는 시간이 길어지면서 올라오는 사진을 보면서 상대적 박탈감에 끊었던 인스타그램이었다. 원룸과 함께 반쯤 얼굴을 걸쳐서 사진을 찍어본다. 다행히 10번 만에 마음에 드는 사진이 나왔다. 사진과 함께 해시 태그 명은 생존 신고와 스윗한 원룸으로 업로드 했다. 뿌듯한 마음으로 미소를 머금고 잠이 들었다.

3

아침부터 핸드폰이 진동한다.

"쭈 뭐야. 원룸으로 언제 이사 갔어?"

은정이의 DM에 답장하고는 잠시 생각에 빠졌다.

은정이는 대학교 절친이다. 그녀는 졸업식 전에 외국계 대기업 인사팀 인턴에 합격했다. 부모님은 합격을 축하한다며 회사 근처에 집을 사주셨다. 가끔 그녀 집에 놀러 가서 수다를 떨고는 했다. 문제는 서로 관심사가 달라졌다. 그녀는 인턴이고 나는 취준생이었다. 회사에 대한 불평을 들어도 공감을 할 수가 없다. 해보지도 못한 회사 생활을 어떻게 공감하겠는가. 은정이도 나의 반응을 보고는 회사 이야기는 되도록 자제했다. 그러나 이야기를 하다 보면 자연스럽게 회사 이야기가 나오는 그녀였다. 이런 일이 반복될수록 은정이를 만나는 게 부담스러워졌다. 자연스럽게 은정이와 만남을 피하면서 연락이 소원해졌다. 다시 한번 핸드폰이 울린다.

"원룸 사진 보니까 너무 예쁘더라. 어디 취직 한 거야?"

직장인과 취준생의 차이로 사이가 소원해졌기에 은정이의 질문에서 조심스러움이 느껴졌다.

"응. 출판사에서 일하게 됐어."

"우와. 축하해! 정말 잘 됐다."

"시간 되면 만나자~ 내가 살게"

"취업 턱이라면 놓칠 수가 없지 기대할게"

취준생 시절 그녀에게 얻어먹었으니 당연히 사야겠다고 생각했다. 은정이와 약속 날짜를 잡고는 TV를 시청한다. 오랜만에 엄마로부터 전화가 왔다.

"딸, 잘 지내고 있어?"

"응, 근데 목소리가 왜 그래? 어디 아픈 거야?"

"자고 일어나서 목이 좀 잠긴 거야"

혹여나 아픈 건 아닌 건가 걱정했지만, 곧 안심했다. 그리고는 이번에 구한 원룸을 얘기하면서 신나게 자랑을 늘어놓았다. 엄마도 같이 기뻐해 주셨다. 전화의 마무리는 곧 내려가겠다는 약속이었다. 까먹지 않고 다음 휴가에는 꼭 내려가야겠다 생각했다.

강남역 11번 출구, 은정이의 얼굴을 보자마자 반가운 미소로 손을 흔들었다. 서로 안부를 물어보고는 얼른 식당으로 향했다. 막상 이야기를 어떻게 시작할지 몰랐다. 내가 먼저 비정규직으로 취직했고 원룸으로 이사한 근황을 먼저 털어놓았다. 물론 카드에 대해서는 이야기하지 않았다. 이야기가 끝나자 은정이는 축하와 함께 말문이 트이기 시작했다. 은정이는 이제 인턴 생활을 끝내고 정규직으로 일을 하고 있다고 했다. 그래도 이제는 직장 생활을 하고 있기에 공감 가는 이야기를 많이 할 수 있었다. 한번 터진 수다는 좀처럼 끝날 기미가 안 보였다. 문득 시계를 보고는 너무 늦게까지 이어진 수다는 그제야 멈출 수 있었다. 자리에서 일어나 계산대로 향했다.

『남은 인생에서 40,000초(11시간) 차감 결제.』

오늘은 여기까지 하고 다음에는 카페에서 만나기로 하였다. 사실 은정이를 오랜만에 만나는 게 걱정되었다. 연락이 뜸해진 만큼 어떻게 말을 해야 할지 머리는 몰랐다. 하지만 입은 어제 만난 사이처럼 열심히 떠들고 있었다. 그 뒤로 은정이와 만나는 시간은 일주일에 두 번은 되었다. 그러다 보니 대학교 시절 친구 사이로 돌아가는 일은 일도 아니었다. 만남이 지속되면서 은정이 집에서 얻어 먹은 것을 갚겠다고 계속 결제하고 있었다.

어느 날 은정이는 너무 얻어 먹는 것 같아 본인이 사겠다고 했다. 아직은 이번 달 한도가 남아있어서 사겠다고 했다. 은정이는 수명카드를 휙 집어가고는 사장님에게 아무 카드나 뽑아서 결제해달라고 했다. 사장님은 웃으면서 카드 하나를 집어서 결제를 했다.

『남은 인생에서 12,000초(3시간) 차감 결제.』

문자메시지 알림이 들렸다. 나는 우선 수명카드를 받아 지갑에 얼른 넣어두었다. 은정이는 자기가 못 사서 아쉬운 표정이었다. 그러나 곧이어 한 통의 문자가 더 도착했다.

『1차 경고 안내문
카드가 양도되어 결제되었음을 확인하였습니다.
수명이 10년 차감되었습니다.』

문자를 본 순간 떨리는 손을 멈출 수가 없었다. 은정이는 다가와서 무슨 일인지 물었다. 황급히 핸드폰을 핸드백에 넣고는 별일 아니라고 말을 해야만 했다. 몸이 안 좋아서 집에 먼저 가봐야겠다고 하면서 서둘러 원룸으로 향했다.

침대에 앉아서 핸드폰을 뚫어져라 쳐다본다. 인터넷을 찾아보니 카드 양도는 불법이었다. 물론 돈이었을 때 말이다. 수명을 차감하면서도 이런 일이 생길 줄은 몰랐다. 아니 알 방법이 없었다. 수명카드사는 애초에 알려준 것이 없었으니까.

 10년이라는 단어를 입으로 되새길수록 방안에 맴돌기만 했다. 불안함이 온몸으로 퍼지기 시작하자 번뜩 생각이 났다. 아직 남아 있는 수명이 꽤 있을 거라는 생각이 들었다. 만약 수명이 몇 년 안 남았다면 10년이나 차감되지 않았을 것이다. 지금 내가 살아있는 것 자체가 시간이 남아있다는 얘기였다. 그렇다고 수명을 확인하려고 양도하는 일은 없겠지만. 적어도 조심하게 사용은 해야겠지만 아직은 카드 사용을 멈출 수는 없었다.

4

엄마 생일이 다가오고 있었다. 수명카드로 피부관리실, 백화점 등등 해드리고 싶은 게 많았다. 작은 원룸을 소개하고는 조촐한 생일상을 차려 드렸다. 엄마는 음식 솜씨가 좋다고 칭찬을 하셨지만 속으로 뜨끔했다. 미역국을 제외하고는 모두 다 포장 음식이기 때문이다. 커피 믹스를 한잔하고는 밖으로 나가자고 하였다.

백화점에 도착해서 엄마에게 맞는 옷을 둘러보았다. 엄마는 내심 마음에 드는 옷이 있는 것 같았지만 별일 아닌 척 자리를 떴다. 눈여겨 보던 코트를 집어 들고는 탈의실로 보내드렸다. 엄마는 옷이 곱다면서 거울에 비친 모습에 만족스러워 보였다. 코트를 두고는 가자는 얘기에 얼른 옷을 들고 카운터로 향했다.

"첫 월급 때 용돈만 드리고 선물도 못 해줬는데 첫 월급 선물이라고 생각해"

"아이고. 고마워. 잘 입을게"

쇼핑을 마치고는 저녁은 이미 예약한 한식집에서 식사를 마쳤다. 원룸으로 돌아와 침대에 비좁지만 둘이 같이 누웠다.

"이게 얼마 만에 같이 자보는 거야"

"오랜만에 이렇게 같이 자는 것도 좋네"

잠결에 들리는 기침 소리에 살짝 눈을 떴다. 엄마는 변기에 대고 연신 기침을 하고 있었다. 고개를 돌려 괜찮은지 확인하려다 눈에 섬뜩한 빨간색이 눈에 띄었다. 예감이 좋지 않았다. 지체할 것 없이 곧바로 119에 신고하였다. 엄마는 그냥 가끔 이런다면서 괜찮다고 말했다. 그러나 기침은 계속 끊이지 않았다.

응급실에 도착해서 간단한 검사를 받았다. 지금 폐가 아주 좋지 않은 것으로 나오는데 연세가 있으시니 정밀 검사를 받으라는 소견이었다. 최악의 경우 암일 수도 있지만, 정밀검사가 우선이라 말했다. 머릿속이 하얀 백지가 되었다. 그리고 그 위에는 암이라는 단어 한 글자만이 오롯이 새겨졌다. 생각도 판단도 없이 그저 머릿속에 암이라는 단어만 쳐다보고 있다. 의사가 부르는 소리에 겨우 백지 속을 빠져나왔다. 내일 오후에 검사 예약을 잡고는 결제를 진행했다. 병원을 나오면서 속단하지 말자는 생각을 했다.

의사와 면담은 엄마와 함께 진행되었다. 어려운 용어는 귀에 들어오지는 않았다. 의사의 마지막 말만 쉽게 알아들을 수 있는 말이었다.

"폐암입니다."

"엄마는 담배도 안 피우시는데 폐암이라뇨"

"요즈음 흡연이 아니어도 폐암 환자가 급증하고 있는 경우가 많습니다."

마른하늘에 날벼락이 이 자리로 떨어진 듯했다. 번개를 맞은 듯 온몸이 떨리기 시작했다. 고개를 돌려 엄마를 쳐다보았다. 엄마는 태연한 표정을 짓고는 자신은 괜찮다고 말했다. 순간 화를 내며 괜찮기는 뭐가 괜찮냐며 눈에서는 눈물이 흘러내리고 있었다. 직장도 원룸도 하나씩 자리를 잡아가고 이제는 엄마를 편하게 쉬게 해드리고 싶었는데 대체 왜 이런 일이 생기는지 머릿속이 복잡하다. 의사는 휴지를 건네며 말을 이어갔다. 폐암 3기인 경우, 완치율이 낮지만, 치료는 가능하다는 말이었다.

수술은 성공적이었으나 재발 방지를 위하여 항암치료를 시작했다. 병실에 누워 있는 엄마의 모습을 바라보고 있자니 마음 한켠이 아려온다. 농사일로 몸은 혹사당하고 이제는 편하게 쉬어야 할 때 병원 신세라니. 엄마가 안타까워 계속 쳐다볼 수가 없었다. 발길을 옮겨 원무과로 향했다. 원무과에서 건네 종이 적힌 내용을 읽어보니 항암치료제 금액이 생각 외로 비쌌다. 간호사는 몇 개월 할부로 할 거냐는 얘기에 아무 생각 없이 일시불이라고 대답했다. 결제가 완료되고는 문자가 도착했다.

『남은 수명에서 1,400만 초(162일) 차감 결제.』

다시 연이어 문자가 한 통이 더 도착했다.

『2차 경고 안내문
한도를 상회한 과도한 사용이 확인되었습니다.
수명이 10년 차감되었습니다.』

문자를 읽는 눈은 점점 커졌다. 놀란 마음을 다잡기에는 글자 내용은 불안감을 조성했다. 여태까지 한도 내에서 쓰거나 한도를 조금 초과하는 수준으로 사용했었다. 이번처럼 한도를 크게 넘어가게 사용하면 문제가 되는 것을 처음 알았다. 수명이 10년이나 차감되는 위험성이 있다면 미리 알려줬어야 아닌가 하는 불만도 잠시 가져보았다. 1차 경고 안내문에 자라난 불안감의 씨앗은 2차 안내문으로 무럭무럭 자라서 꽃을 활짝 피웠다. 돈이면 뭐든지 해결될 수 있는 세상에 그 작은 꽃은 어울리지 않았다. 돈을 쓰는데 행복하지 않고 두려운 마음이 든다면 이게 돈 걱정 없이 사는 것인지 의문이 든다. 어느덧 병실에 다다르자 야윈 엄마의 모습이 보였다. 눈에 비친 모습에 마음속 불안감은 온데간데없고 오직 안타까움이 자리했다. 일단 엄마와 함께 병원에서 퇴원하는 것만 생각하기로 했다.

5

엄마의 치료는 성공적이었다. 의사는 혹시 모를 재발에 대비해서 항상 조심해야 한다고 했다. 정기적으로 병원에서 진찰받아야 하는 이야기도 잊지 않았다. 엄마에게 이참에 시골 생활을 정리하자고 말씀드렸다.

"내가 살아봐야 얼마나 더 살겠어."

"그런 말 하지 말고"

"혼자서도 괜찮아."

"갑자기 쓰러지면 어떻게 할 거야."

엄마는 그제서야 고개를 끄덕이기만 하셨다. 우선 엄마는 시골에 내려가서 짐을 정리하기로 하였다. 집으로 돌아오는 길에 엄마의 말이 다른 의미로 잊히지 않았다. '살아봐야 얼마나 더 살겠어'라는 말에 나는 수명카드 때문에 얼마나 살 수 있을지 궁금해졌다.

 우선 지금까지 카드 사용 내용을 차례로 적어 내려갔다. 돈이 생기면 씀씀이가 커진다는 말이 맞았다. 기록해야 할 내용이 매달 점점 늘어갔다. 진짜 돈 걱정 없이 사고 싶은 것 다 사면서 살았다는 생각이 들었다. 최종적으로 합산을 해보았다. 사용 명세를 합쳐보니 1년이 넘게 차감이 되었다. 이런 생활을 하면서 1년 일찍 죽음을 맞이하더라도 감수할 수 있었다. 문제는 2차례의 경고 안내문까지 합치면 21년이 되었다. 100세까지 산다면 아직 충분한 시간이 남아있다. 하지만 60세까지 사는 인생이라면 15년 정도 남은 인생이 되었다. 만약에 60세가 아니라 50세라면 5년도 체 안 남은 인생이 되어버린다. 5년도 안 남았다고 생각이 되니 덜컥 숨이 막혔다. 거기다 카드를 더 쓰게 된다면 5년보다 더 짧은 시간이 주어지게 된다. 생각이 여기까지 미치자 숨이 가쁘게 차오르면서 정신을 잃었다.

 순간 눈을 번쩍 뜨면서 일어났다. 얼마나 쓰러졌었는지는 시계가 알려주고 있었다. 꽤 오랜 시간 동안 기절했었다. 켜져 있는 노트북을 바라보면 왜 쓰러졌는지 생각이 났다. 다시 생각났다고 해서 호흡이 가빠지지는 않았다. 그저 남은 수명이 어떻게 될지 걱정이 되었다. 카드에서 얼마나 남았는지 알려주었으면 좋겠지만 문자 내용을 보면 알려줄 생각이 없어 보였다. 얼마나 살 수 있는지를 알 수 없다면 남은 시간은 어떻게 보내야 할지 고민이 필요했다.

고민은 생각보다 빠르게 정리되었다. 돈 걱정하면서 현재에 만족하고 살 것인가, 아니면 편하지만 불 확실한 미래를 그리며 살 것인가로 줄여졌다. 돈이 있으면 확실히 편하다는 생각이 강하게 들지만 언제 죽을지 모르는 불안감도 만만치 않다. 심지어 막상 무언가를 사고 사용하지도 못하고 죽으면 그거는 그거대로 억울할 것이다. 그러나 돈이 없으면 불편한 생활의 시작이다. 고시원 생활을 어찌 잊을 수 있겠는가. 그 생활로 다시 돌아간다고 생각하면 암울해지는 정신상태가 더 싫다.

 엄마를 지금이라도 편히 쉬게 해드리고 싶은 게 목표인데 이 목표를 위해서라면 그 조건을 선택할 수밖에 없다. 불편한 현재에 머물더라도 결국은 살아남아야 한다. 살아 있어야 행복해질 기회가 있다. 만약에 카드를 흥청망청 사용했더라면 그래서 내가 당장 내일 죽게 된다면 행복을 느낄 기회조차 생기지 않을 것이다. 생각을 마치자 더는 카드에 얽매이지 않기로 했다. 카드를 가위로 반을 자르고는 쓰레기통에 넣었다.

 오랜만에 은정이를 만나기로 했다. 식사를 마치고 가게를 나오니 비가 세차게 내리고 있었다. 은정이는 가방에서 우산을 꺼냈다. 그 모습을 보고는 가게에 우산을 두고 나온 게 생각이 났다.
"우산을 두고 나왔네. 잠깐만"
"얼른 다녀와"

은정이는 유리창 너머로 빨리 나오라며 손을 흔든다. 그 뒤로 남자가 보이는 듯했다. 그리고는 은정이와 잠깐 얘기를 하고는 사라졌다. 가게 밖으로 나와 무슨 일이 있었는지 물었다.

"우산 꺼낼 때 카드가 떨어졌나 봐, 카드 떨어졌다고 주워줬어."

권현정(도라.K)

고흐처럼 인간관계에 평탄치 않고 니체처럼 적이 많으나 빨강머리 앤처럼 사고하고
행동하는 편이다. 아이는 없지만 아이가 맘 놓고 살 수 있는 세상을 만들기 위해 고
민하고 화를 낸다. '나'를 두고 환상속에 살고 있다는 사람도 또라이라는 사람도 종종
있다. 하지만, 내 속엔 무수한 이야기들이 있고 난 몰래몰래 그것을 써내려간다. 세
상이 인정해주지 않아도 나만큼은 내 이야기를 들어주고 공감할 수 있으니까. 난 내
가 만들어낸 세상속에서 울고 웃고 위로 받는다.

상처
도시

프롤로그

상처 없는 인간은 없다. 누구에겐 상처가 별로 남기도 하고 누군가에겐 상처가
못으로 박히기도 한다. 우리는 보여지지 않는 상처에 대해 함부로 아는척하고
함부로 위로를 한다. 답답하고 억울해서 내 상처를 드러내면 별거 아니라는 식
으로 시간이 지나면 해결될 것이라는 조언을 한다. 세상엔 감히 공감할 수 없는
슬픔도 감히 위로할 수 없는 상처가 훨씬 많다는걸 우리는 알면서도 모른척한
다. 여기에 실린 〈상처도시〉는 완성작이 아닌 시놉시스로 봐주면 좋을거 같다.
나의 완전한 〈상처도시〉가 세상에 나올 수 있을지는 모르겠지만 완성되는 날 사
랑하는 사람들에게 읽어주고 싶다. 너와 나의 이야기라고..

⟨2025년 6월 1일 K H J 9시 뉴스⟩

"코로나가 끝난지도 벌써 5년이 지났는데요. 사람들이 거리에 나오고 다시 일상생활로 빠르게 복귀가 되나 싶었지만 새로운 질병으로 고통받는 사람들이 다시 늘어나고 있습니다. 서울대 심리학과 이정숙 교수님을 모시고 구체적으로 들어보겠습니다."

"안녕하세요. 이정숙 교수입니다. 처음엔 코로나처럼 감염질병으로 판단이 되어 질병관리청에서 연구를 했었습니다. 그런데 이것은 질병이 아니라 심리적인 문제로 발생한 것이라는 의견을 전득선 박사가 제시하였고 근거가 있다는 확신하에 전국 심리학 교수진들이 모여 같이 연구에 참여하였습니다. 언제부턴가 사람 머리위에 머리말 풍선처럼 그 안에 숫자가 보여졌는데요. 빠르게 확산이 되어 길에서도 말풍선을 달고 다니는 사람들을 많이 볼 수가 있죠. 몸에 특별한 증상이 있는 것은 아닌데 말풍선 속에 숫자가 무엇을 의미하는지 알 수가 없었습니다. 숫자가 일정한 것이 아니고 불규칙하여 패턴을 찾아내기가 힘들었습니다. 오랜 연구 끝에 숫자가 그 사람이 가지고 있는 상처의 개수를 나타내는 것이라 밝혀졌습니다. 연구 결과에 의하면 6살부터 상처가 생길 때마다 숫자가 늘어나는 것을 알 수 있었습니다. 노인들을 대상으로 연구한 결과로는 임종시에도 말풍선은 사라지지 않는 것을 발견했습니다."

"말풍선으로 고통 받는 사람들이 많은데요. 이것을 숫자풍선이라 해야하나요? 아니면 상처풍선이라 해야하나요? 아직 정확한 명칭이 없는데 이 말풍선을 없애는 약은 아직인가요?"

"현재 질병관리청과 합작하여 여러 가지 연구를 하고 있지만 정신과에서 치료를 받고 처방해 주는 약을 복용하면 효과는 있다고 합니다. 하지만 일반적인 우울증 치료도 그렇듯이 상담을 받고 약을 복용해서 완전히 없애기는 힘든 현실입니다. 물론 정신과 의료진들과 심리학자들이 지금도 방법을 모색중입니다. 지금 상황에서 확실하게 말씀드릴 수 있는 것은 질병도 아니고 전염병도 아니라는 것입니다. 다만, 보이지 않던 것이 눈에 보여진다는 것 뿐입니다. 머리 위로 보이는 숫자로 인해 그 사람을 판단하면 안된다는 것이죠. 거듭 말씀드리지만 마음의 상처는 병이 아니라는 것입니다. 서로가 상처를 줄일 수 있도록 배려하고 노력한다면 코로나때처럼 충분히 극복 할 수 있을것이라 생각됩니다."

"이정숙 교수님의 말씀 잘 들었습니다. 우리는 흔히 보이는 것으로 사람에 대해 평가를 하는 실수를 저지르는데요. 성숙한 인격을 보여줘야 할 때라고 생각이 듭니다. 이상 KHJ 뉴스 곽은희 앵커였습니다."

〈2050년 6월 5일 K H J 9시 뉴스〉

"온 국민이 힘든 시기를 겪고 있습니다. 일시적인 현상으로 보여졌던 상처표시는 현재도 지속이 되고 있습니다. 오늘은 상처 숫자의 표시로 인해 피해를 본 사람들을 대상으로 한 인터뷰 영상들을 보여드리겠습니다. 첫 번째로 10년전 영화와 CF스타로 왕성한 활동을 보이다가 돌연 자취를 감춘 배우 이은진씨입니다."

"정확히 기억해요. 영화 촬영을 하고 있었는데 그날은 컨디션이 좋지 않고 대사도 꼬이더라고요. 감독님이 저를 혼내지는 않았지만 제 매니져를 불러서 배우 관리 안한다고 면박을 줬어요. 그런데 갑자기 스탭들이 저를 보며 웅성웅성거리더라고요. 저도 상처표시가 생긴거예요. 아역부터 차근 차근 경력을 쌓아왔기 때문에 스트레스 관리가 잘 되었었고 일주일에 3번은 특별 상처 관리를 받았었거든요. 저한테 큰일도 아니였는데 왜 그때 상처표시가 생겼는지 모르겠어요. 그때부터 아무리 표정관리를 해도 상처표시가 그대로 보이니깐 가식적이다 배우자질이 없네 라는 등 많은 말들이 따라다녔어요. 더 이상 활동이 어려워 반강제로 은퇴를 하게 된거죠. 연예인도 사람이고 엄연히 직업인데 상처 표시 숫자만으로 그 사람을 판단하는건 아니라고 봐요. 저 같은 사람들이 늘어나질 않길 바랄 뿐입니다."

"참 안타까운 사연이네요. 이은진씨처럼 본인 의지와 상관없이 연예계를 떠나는 사람들이 늘어나는 추세입니다. 비단 연예인뿐만 아니라 다양한 직업군에서 발생되는 문제이죠. 다음은 C백화점에서 퇴직한 이모씨의 영상입니다. 함께 보시죠"

"서비스직인거 인정합니다. 백화점에서 일한지 17년 되었고요. 항상 고객님들에게 친절하게 대했는데 상처표시가 있다는 이유로 권고사직을 당했어요. 이게 말이 되냐고요. 저희는 감정노동자들인데 이런식으로 퇴사를 시키면 서비스직에서 남는 사람이 얼마나 있겠어요? 안그래요? 무슨 전염병도 아니고 언제까지 차별을 당해야하는지 억울할 뿐입니다. 일만 잘 하면 되는거 아니예요? 상처 있는 사람은 어떻게 먹고 살라는건지 자식 때문에 죽을수도 없어요."

"고통 받는 사람들이 점점 늘어나고 있어서 안타까운 상황인데요. 요즘은 정신과 의사와 심리상담사가 선망의 직업군이 되었다고 합니다. 상처가 질병이 아닌 것을 모두가 인지하고 있는데도 곳곳에서 차별이 일어나고 있습니다. 상처는 죄가 아닙니다. 서로 상처를 보듬어 주고 위해준다면 분명 상처의 숫자는 줄어들 것입니다. 상처의 숫자가 많다는 이유로 서로를 경계하거나 차별을 한다면 이 위기는 극복될 수 없습니다. 국민 여러분! 대한민국의 단결을 보여줄 때입니다. K H J 뉴스 김영희였습니다."

영안실 앞. 삐쩍 마르고 핏기 없는 얼굴을 한 여자가 임부복 원피스만 걸치고 양말도 신지 않은채 실내화로 보이는 짝짝이 슬리퍼를 끌고 영안실 문을 계속 두드리다가 주저앉았다. 기도인지 욕인지 알 수 없는 이상한 말들을 하면서 울부짖었고 때론 멍하니 어딘가를 응시하다가 또 울부짖다가를 반복하였다.

그 여자의 머리 위로 말풍선이 생기더니 숫자가 생겼고 숫자는 점점 늘어나 666에서 멈췄다. 숫자가 멈추더니 그녀의 칠흑같이 검던 머리카락은 반짝거리는 흰색으로 바뀌었다.

마당이 잘 정돈되어 있고 햇볕이 잘 드는 이층집에서 젊은 여자와 나이든 여자의 말소리가 크게 들렸다.

"엄마 나 창민이 정말 사랑해. 그냥 결혼하게 해줘"

"갑자기 무슨 결혼이야. 철 없는 소리 그만해"

"창민이 취업되면 바로 결혼할래."

"엄마가 너 상처 없이 기를려고 별짓을 다한거 알지? 너희 언니 봐라. 상처가 지금 벌써 666개야. 너 오빠는 어떠니? 하루가 멀다하고 상처 숫자 늘어나는거. 엄마 아빠한텐 네가 마지막 남은 희망이야."

"알아. 그런데 어떻게 사람이 상처 없이 살아. 상처 숫자가 많아진거 언니 탓도 오빠 탓도 아니잖아."

"엄마 말 잘 들어. 상처가 보이지 않을때도 상처 많은 사람과는 결혼하는거 아니랬어. 너 말대로 줄어들수도 있지. 그런데 애초에 상처가 없는 사람이랑 상처가 많은 사람이랑 누가 더 괜찮겠니? 왜 구지 많은 남자들 중에 상처 100개나 넘은 사람하고 결혼한다고 그러는거야. 네가 그 사람하고 살면 상처가 없어질거 같아? 너 그거 착각이야. 사람은 안 변해. 무슨일을 겪었기에 26살 밖에 안된 남자가 상처가 그렇게 많니?"

하린은 울면서 소리질렀다.

"우리집은 잘났어? 우리 가족 모두 상처 있자나! 왜 그 사람만 반대하는데!"

하린이의 머리위에 말풍선이 그려지더니 상처 숫자가 생겨났다. 엄마는 사색이 되어 하린을 껴안고 다독였다.

"엄마가 미안해. 우리 딸 행복하라고 그러는거지. 너네 언니가 얼마나 밝은애였니. 그런데 자식 가슴에 묻고 니 형부는 떠나버리고 저 상처를 어떻게 회복해. 니 오빠도 학교 내내 1등만 하던애가 취직이 안되서 저렇게 지내는데 엄마가 사는 게 아니야. 그냥 너만 행복하면 돼. 단지 그거뿐이야.”

하린의 상처숫자는 줄어들더니 말풍선이 사라졌다.

“창민이가 나 만나고 숫자가 줄어드는게 보여. 나처럼 상처없이 깨끗한 여자는 처음이래. 그래서 나한테 어울리는 사람이 되고 싶대. 나 그 사람 옆에 계속 있고 싶어”

엄마는 소리없이 울었다. 그리고 엄마의 상처 숫자는 소리없이 늘어났다. 하린은 엄마의 숫자가 눈에 들어왔지만 애써 외면하고 방으로 들어갔다.

이틀 후, 창민이를 만났다. 짧은 만남. 그는 취업준비로 항상 바빴고 밥이나 같이 먹는게 전부였다. 그래도 만나기전 항상 설레였고 만난 후에는 아쉬웠다. 권석주 정부가 이번달부터는 블라인드 면접을 강제적으로 시행하기 때문에 취업은 문제 없을것이라고 했다. 취업하고 결혼하면 창민이도 나도 지금보다는 좀 더 안정적일 것이다.

다음 날, 창민이에게서 문자가 왔다.

- 합격 발표는 좀 있어야 한다네. 오늘은 피곤해서 그냥 집으로 갈게
- 응. 피곤할텐데 빨리 자~

창민이를 기다리고 있던 터라 외출준비를 끝낸 상태였기 때문에 현아와 성이를 까페로 불러냈다. 현아는 〈내가 만난 똥들〉에 나오는 남자주인공 권순오에 대해 신나게 떠들었고 성이는 상처 숫자에 소금을 뿌리면 없어진다는 말을 듣고 해봤는데 거짓말이었다고 흥분하더니 자신이 다니는 유치원에 요즘 '상따'가 심하다며 고민을 했다. 상따란 상처있는 친구를 따돌린다는 말이라고 설명했다. 그러면서 상처극복송을 부르는 극복이가 인기가 많다며 이번 어린이날 행사때는 극복이 인형을 선물로 나눠줄 계획이라고 했다. 수다를 떨면서 계속 핸드폰을 보니 현아가 보여줘 어플을 깔지 왜 안깔고 걱정이냐며 핀잔을 줬다. 보여줘라는 어플은 씨씨티비 같은건데 커플끼리 서로 현재 모습을 영상으로 볼 수 있다고 했다. 자고 있는걸 알지만 참 많이도 서운했다.

집에 와서 씻고 누워있는데 언니방에서 티비 소리가 났다. 오랜만에 언니랑 이야기나 할까 하고 방문을 살짝 열어봤다. 언니는 과자를 먹으며 코미디 영화를 보고 있었다. 같이 보려고 방으로 들어갔는데 언니는 퉁퉁 부은 눈을 깜빡이며 흐르는 눈물을 그냥 흘려버렸다. 최대한 숨죽이며 빠져 나와 다시 침대에 누웠다. 결혼 1년 만에 언니는 백발이 되어 돌아왔다. 나의 결혼은 다를 것이다. 드라마처럼 달콤한 사건은 없지만 누구보다 평범한 가정을 가질 것이다. 난 상처에 강하고 그가 날 사랑한다는 건 변하지 않는 진실이니까.

창민이에게 문자가 왔다.

- 잠들었어. 내일 7시에 공원에서 봐.

- 응. 전용 벤치에서 만나.

- 보고싶고 보고싶다.

 이런 저런 생각으로 뜬눈으로 밤을 새고 답답한 마음에 마당으로 나갔다. 새빨간 츄리닝 차림의 오빠가 국민체조를 하고 있었다. 괜히 말걸면 귀찮아져서 다시 들어가려는데 동네 떠나갈 듯이 오빠가 이름을 불러댔다. 뛰어가서 오빠 입을 막고 겨우 진정시켰다.

"야! 이하린! 너 오빠만 보면 슬금슬금 피하는데 상당히 거슬려"

"거슬리면 그냥 모른척해줘"

"그럴순 없지. 너 돈 좀 있냐? 오빠한테 투자 좀 해라"

"오빤 취업 안할거야?"

"취업이 문제가 아니야. 오빠가 요즘 주식시장을 평정중이다. 주식이 오르면 빨강색이고 내려가면 파랑색이거든. 그래서 우리나라 태극기가 빨강 파랑 조화롭게 섞여 있나봐. 난 레드오션의 히어로가 될거야"

"오빠! 지금 옐로우 카드야. 레드 카드 받으면 알지? 아빠한테 바로 전화할거야"

"사랑하는 자매님. 자매님은 방금 레드칩을 잃으셨습니다. 유감이군요"

"됐고. 오빠 취업 안되서 상처 숫자 생긴거 아니야?"

"내가 그런 나약한 사람이었던가? 넌 오빠를 너무 만만히 봐"

"그럼 상처 숫자는 왜 느는건데?"

"아.. 이거.. 다 사랑의 상처지"

"오빠한테 여자가 어딨어?"

"이거이거 말하는 것 좀 봐라. 너 박현진 알지? 이 오빠를 버리고 재벌한테 시집 갔잖아"

"설마 가수 박현진? 지금 나이가 몇인데 연예인 때매 상처를 받아! 정신 좀 차려!!!"

"오빨 이해하려 하지마. 그럼 이해된거야"

상처가 모두 다른 이유로 생긴다지만 오빠의 상처가 저런 깃털같은 이유라니 엄마만 불쌍하다는 생각이 들었다.

하루종일 시계만 보다가 약속시간이 되어 공원으로 갔다. 창민이는 미리 와서 기다리고 있었다. 창민이 머리위에 상처 숫자가 훈장처럼 빛나보였다. 창민이는 벤치 뒤에 있는 장미꽃을 보면서 말했다.

"생각해보니 장미꽃 한송이 못사줬네"

"난 장미꽃 안좋아해. 도라지꽃 좋아하지. 아! 나 꿈에서 장미꽃을 먹었는데 엄청 달았어. 해몽을 찾아보니깐 축하 받을 일이 생길거래."

"취업됐어."

"내 꿈이 맞았네? 너무 잘됐다. 갖고 싶은거 있어? 선물 사줄게"

"괜찮아"

"우리 이제 결혼만 하면 되겠다. 그치?"

"많이 생각했는데 내 인생에 너같은 여자는 없을 거야."

"그걸 말이라고 해? 나처럼 만날때마다 상처 숫자 줄어들게 해주는 여자가 흔하겠어?"

"맞아. 나한텐 과분해."

"알면 잘해."

"하린아, 우리 그만하자"

"응? 멀 그만해?"

"오래전부터 생각했던거야. 너랑 나랑은 어울리지 않아. 이제 취업도 됐으니깐 우리 사이도 더 좋아지겠지. 그런데 너가 모르는게 있어. 난 상처 숫자도 남들보다 많은 편이지만 깊이도 깊어. 깊은 상처는 쉽게 없어지지 않아."

"그래서 너 상처는 대단하는거야? 우리 엄마 숫자 늘리면서까지 너랑 만났어. 너가 이렇게 떠나면 난 상처가 생기겠지. 너가 어떻게 나한테 이래? 어떻게 너가 나한테"

"미안해. 하지만 널 위하는 길이야."

"날 위한다고? 거짓말 하지마! 우리 가족이 반대해도 친구들이 넌 아니라고 말해도 난 너가 좋은 사람인거 아니까. 상처는 사랑으로 극복할 수 있다고 믿으니까! 버티고 또 버텼어. 언니는 사랑 따윈 아무것도 아니래. 사랑해서 이별하는건 상처도 아니래. 근데 너 이렇게 떠나면 난 상처가 될거 같아. 내가 숫자가 없다고 해서 상처 안받는거 아니야. 내가 숫자가 생기면 온가족들이 내 친구들이 어떻게든 숫자 1을 없애려고 나를 위해 노력해. 그래서 지금 내가 있는거야. 모두의 노력으로 내가 있는거라고! 근데 넌? 내가 사랑한 넌! 나에게 상처를 주겠다고?

이렇게? 내가 상처 있는 사람으로 남아도 좋아? 말을 하라고!"

"아니야. 상처주고 싶지 않아. 알아 나도. 너네집이 상처 없는 집도 아니고 너 하나 상처없게 하려고 온갖 노력 다한다는거. 그래서 더 고맙고 미안했어. 우리 어린나이도 아니지만 많은 나이도 아니야. 이성적으로 생각하고 미래를 생각하자."

"이성? 미래? 너 내가 전공을 왜 심리학으로 바꿨는지 알아? 너한테 조금이나 도움이 되고 싶어서. 심리학자가 되면 너 상처 내가 없애주려고 죽어라 공부했어. 내 미래는 온통 너였다고. 너가 내 미래를 물거품으로 만든거야!"

"막내티 내지마. 아기처럼 떼쓰지도 말고. 난 혼자고 당장 내 앞길이 더 급해. 내 상처 깊이는 내가 제일 잘 알아. 상처를 가진 사람들은 본능적으로 깊이도 알 수 있어. 그런데 아직은 깊이를 측정을 못하니깐 서로 말을 안하는거 뿐이야. 넌 가족들 상처 깊이도 모르지? 아마 말 안해줄걸? 너랑 만나면 상처 숫자도 줄어들고 행복한건 사실이야. 하지만 그만큼 자괴감도 커졌어. 숫자는 줄었지만 깊이는 깊어져서 지금 가슴속까지 파고든다고. 난 느낄 수 있어. 내 상처를"

"너 내 친구 현아 알지? 현아 아빠가 유명한 정신과 의사야. 같이 가보자. 응?"

"이런것도 널 떠나는 이유야. 넌 모든지 명쾌하지. 너가 나서면 모든지 풀릴거라고 생각하잖아. 넌 은연중에 상처가 없으니깐 다른 사람들보다 우월하다고 생각하는거야. 내 말이 틀려?"

"난 그런 생각 한적 없어. 단지 널 좋아하고 너한테 힘이 되고 싶었어."

"이제 그만하자. 여기서 싸우면 서로 상처만 생길 뿐이야. 나도 널 사랑해. 나 때문에 상처 받는건 나도 힘들어. 얼마든지 나보다 좋은 남자 만날 수 있고 지금까지 그래왔던 것처럼 넌 가족도 있고 친구들도 있잖아. 난 아무도 없어. 넌 강하니깐 금방 이겨낼 거야."

"넌 이기적이야! 너만 항상 힘들고 너만 외롭지? 난 너만 있으면 됐는데. 너 나 놓치면 후회할 거야. 나 없이 살 수 있어?"

"응. 한동안은 힘들겠지. 하지만 난 이보다 더한 상처들을 안고 살았어."

진짜 끝이라는걸 알았다. 급속도로 늘어났던 숫자들은 급속도로 줄어들더니 다시 사라졌다. 몸은 바들바들 떨렸지만 최대한 침착하게 말했다.

"우리 엄마가 그러는데 상처에 익숙해지는 사람은 없대. 그래 사랑 없이 살 수는 있겠지. 넌 모든걸 혼자 해냈으니깐. 난 사랑이라는 감정에 빠진게 아니라 그냥 너 자체가 좋았어. 너의 상처까지도 나한텐 빛나 보였거든. 내 착각이었네. 내가 먼저 갈게."

창민은 하린과 같이 앉았던 벤치에 다시 앉았다.

"넌 끝까지 엄마 이야기를 하는구나.. 그래 잘 가라."

집에 와서도 진정이 되지 않았다. 이런줄도 모르고 결혼을 계획하고 엄마랑 싸우고 생각할수록 화가 나고 분했다. 방안에서 빙빙 돌다가 상미한테 전화를 했다.

"나 방금 헤어졌어"

"늦은밤에 전화해서 대뜸 헤어졌다니. 아주 헤어진거야? 아니면 그냥 싸운거야?"

"아주 영원히"

"지금은 화가 많이 났겠네. 시간이 지나면 더 힘들거고. 근데 하린아 내가 결혼해서 살아보니깐 사랑 진짜 아무것도 아니더라. 상처 도시라 해도 돈이 중요한 건 맞고 돈도 많고 상처도 없으면 땡큐고. 창민이도 상처에 비해서 애가 단단하고 우리보다 어른스럽고. 그런데 한번 자기 감정에 빠지면 감정기복이 너무 큰 건 사실이야. 연애 때 지지고 볶고 하는건 다 필요없어. 결혼하면 처음부터 다시 다 맞춰야해. 근데 상처가 많은 사람이면 그만큼 더 힘들지 않을까? 서로 맞추기도 전에 상처부터 하나씩 치유해야하니깐. 말은 안했지만 예상은 했어. 너만 몰랐던거지. 너는 다 좋은데 눈치가 너무 없어. 그래서 창민이랑 잘 사겼는지도 모르지만. 제주도로 놀러와. 여기는 상처 없는 남자 투성이더라. 내가 결혼을 왜 일찍 했나 몰라."

갑자기 엄마가 방에 들어오셨다. "할머니가 돌아가셨단다." 무슨 정신으로 왔는지 모르겠다. 오빠가 운전하는 차를 타고 우리 가족은 한참을 달려 장례식장에 도착했고 임종을 지키지 못한 죄책감으로 서로 아무말도 없었다. 할머니는 건강하셨지만 갑자기 돌아가셨고 돌아가시기 직전에 우리한테는 되도록 늦게 알리라는 유언을 하셨단다. 상처 숫자 없이 웃는 얼굴로 돌아가셨다고 했다. 엄마는 아빠에게 지금 와도 늦었으니 서로 마음을 추스르고 만나자고 했다. 장례식장엔 저마다 슬픈 얼굴의 사람들이 모여서 본인의 슬픔들을 다스리고 있었다. 내 머리 위에도 어느덧 숫자가 표시되었다. 오빠를 보니 오빠는 숫자가 늘어나지 않았다. 연예인 열애설에도 상처를 받더니 할머니의 죽음은 상처가 크지 않다는 사실에 오빠가 미워졌다. 엄마한테 상처를 주면서까지 사랑했던 사람과의 이별도 별일 아니였다고 느껴졌다. 내 관심은 오로지 그 사람 하나였는데 그 사람의 관심은 날 제외한 모든 것 들이었다.

그는 나를 보면 죄책감을 느낀다고 했었다. 난 그저 보통 연애처럼 알콩달콩 사랑하는 감정만 바랬었고 남들처럼 커플 사진 자랑도 하면서 이쁜 커피숍도 다니는 소소한 것들을 원했다. 그냥 평범하게 사랑하고 싶었던건데 그 사람은 그것조차 하지 않았다. 오로지 잡다한 뉴스와 쓸데없는 기사들을 보며 댓글을 달고 자기가 좋아하는 영화의 개봉 날짜는 알고 있지만 내 생일은 기억하지 못했다. 전화할 시간이 없다고 하면서 만화는 봤다.

그래 이것만으로도 그 사람과 충분히 헤어질 이유가 된다. 그동안 서운했던 일들을 계속 떠올렸다. 나만 참았던 것들. 나만 바보가 되었던 순간들을. 할머니의 죽음 앞에서 그와의 감정들을 정리했다. 할머니처럼 상처 하나 없이 죽음을 맞이하진 못할 거 같다.

며칠 후, 미정이를 만났다.
"너 괜찮아?"
"응"

"하린아, 결혼에서 가장 중요한게 먼지 아니?"

"돈?"

"그래 돈도 중요해. 왜냐면 돈 문제로 많이 싸우고 이혼까지 하거든. 부부관계에 큰 영향을 미치는건 사실이야. 그런데 제일 중요한건 믿음같아. 믿음이 깨지면 같이 사는건 불가능해. 난 너가 믿을 수 있는 사람 그리고 너를 내어 주어도 아깝지 않은 사람하고 결혼했음 좋겠어. 난 남편하고 싸울일이 없어."

"왜? 서로 너무 잘 맞아서?"

"아니. 남편이 거의 집에 안들어와. 그래서 싸울일이 없어."

"그게 머야. 씁쓸하잖아. 행복한거 같진 않은데?"

"처음엔 힘들었어. 떨어져 지내는게. 그런데 난 남편에 대한 믿음은 절대적이거든. 떨어져있지만 전혀 날 외롭게 한적은 없어. 떨어져 있어도 그 사람이 날 얼마나 생각하고 있는지 아니깐 외롭지 않더라고. 결혼하고 더 외롭다는 사람들이 있자나. 그건 남자들이 여자의 감정을 무시해서 그러는거야. 같이 하루종일 붙어 있지 않아도 얼마나 사랑하고 있는지 말 한마디만으로도 여자는 금방 알 수 있거든"

"좋겠네. 나도 그런 사람을 만날 수 있을까?"

"당연하지. 넌 기회가 많을거야. 이젠 너가 챙겨주는 사람말고 널 챙겨주는 사람을 만나.너가 구지 말 안해도 너가 무엇을 원하는지 알아주는 사람 말야. 무엇보다 널 외롭게 하지 않는 남자를 만나야해. 알았지?"

"응. 고마워. 앞으로는 날 외롭지 않게 하는 사람을 만날거야."

우린 서로 위로하며 웃으며 그 시간을 온전히 서로를 위하는 마음으로 채웠다.

예나랑드

초딩 때부터 글 쓰겠다 결심했는데 어쩌다 보니 정말 글로 돈 벌며 살아가는 중. 시간을 돌린다면 다른 길을 알아보겠다. 생각대로 세상이 돌아가지 않아서 화가 많은 타입. 긍정 회로를 열심히 돌리고 있는 편.

질투의 우울한 찬가

1장
보통날의 흔적

아무 생각도 하고 싶지 않아서 풀이 덜 자란 들판에 누웠는데 시야에 들어온 구름도 그 애를 닮았다. 손이 저기 하늘 위까지 닿을 수 있다면 저 구름을 마구잡이로 흐트러뜨리고 싶다.

"끼르베!"

콜록콜록. 누가 또 그 애의 이름을 부르고 있다. 아, 머리야. 귀를 막고, 눈을 감고 그 애를 떠올리게 하는 모든 것을 지우려고 노력했다. 내 안에서 기억을 싹둑 잘라버릴 수 있다면 얼마나 좋을까. 그 애가 죽어 없어지더라도 그 애가 남긴 기억들은 나와 내 주변 사람들에게 남아있을 거니까 차라리 기억이 사라졌으면 좋겠다.

"끼르베, 밥 먹자!"

나는 그야말로 언제 죽을지 모를 심각한 병에 걸렸다. 의사가 '당신은 죽을병에 걸렸습니다.'라고 선고한 건 아니지만 확실했다. 전염성이 높진 않지만 완치가 어렵고 아직 치료할 방법이 나오지 않은 것도 문제.

"젤라."

"응?"

나를 부르는 소리에 눈을 번쩍 떴다. 하늘 위에 있던 구름이 사라졌다. 다행이야. 몸을 일으키자 들판 너머로 붉고 푸른 지붕들이 낮게 깔린 마을의 전경이 눈에 들어왔다. 매일 보는 풍경인데도 숨이 턱 막히는 듯 목이 조여와 괜히 셔츠를 잡아당겼다.

"너도 밥 먹으러 가자."

"어, 그래."

이 병의 위험성은, 무증상으로 시작한다는 데에 있다. 아니면 감기라고 착각하거나. 구겨진 마음은 겉으로 쉽게 드러나지 않기에 증상이 드러날 때는 이미 위험한 상황이다. 발작까지 다다르면 숨이 끊어지는 건 금방이다. 갓 잡아 올린 물고기처럼 파닥거리다가 생을 마감하고 싶지는 않다. 나는 아직 숨길 수 있다. 이대로 마음을 다스리면 금방 나을 거고 어려울 거 없다고 엄마가 말했다. 참다 보면 금방 좋아질 거야, 아직 어리니까.

타프와 함께 들판을 내려가면서 누구에게서 전염되었을지 또다시 생각했다. 티크 아저씨? 루시엘 아줌마? 어쩌면 나 같이 티 나지 않는 환자일 수도. 티크 아저씨는 작년 여름에 결국 세상을 떠났다. 하필이면 광장에서. 그의 최후를 목격한 사람들은 모두 공포에 떨어야만 했다. 무슨 병인지 한동안 온 동네에 소문이 흉흉했는데 다른 동네에서도 유사한 사례가 발생하고서야 다들 고개를 끄덕거렸다. 저주받은 집이라는 소문은 아직도 남아 있어서 아무도 그 집 근처로 가지 않지만, 오명을 약간은 풀었다. 병과 저주의 경계에 서게 된 죽은 아저씨가 저 위에서 어떻게 지내고 있는지 궁금했다.

"젤라, 우리 밥 먹고 다시 동산 올라갈까? 요즘 날씨 너무 좋아, 그치?"

"어, 어. 맞아."

걔는 두고 가자-라는 말이 입천장을 두드렸다. 하지만 그 말을 내뱉는 순간, 내 감정을 공표하는 꼴이 된다. 그 애를 미워하는 건지 아니면 시기 질투하는 건지, 마음의 세부 사항을 알 순 없겠지만 속을 들킨 듯 훤하게 보일 말이라는 사실을 알아서 꾹 눌러 담았다.

뒤에서 걔의 목소리가 들려왔다. 듣지 않으려고 애써도 내가 뚫린 귀를 가진 이상, 어쩔 수가 없다. 속이 부글부글 끓었다. 머리가 윙, 하고 울리는 동안에 그 애가 가까이 왔다. 도로 들판으로 뛰어가 버리고 싶다. 차라리 숨을 쉬지 못할 때까지 뛰면 다른 생각이 덜 나려나.

이 들판과 동산은 동네 오만 사람이 다 쉬러 오는 곳. 사람들은 여기서 달리기도 하고 말도 타고, 누워서 쉬기도 한다. 유행하는 노래의 시작도 거의 다 이 위에서였다. 아빠한테 처음 자전거를 배울 때도 여기서 배웠다. 보름달이 없는 깜깜한 밤에는 별이 잘 보이는, 완만한 이 언덕은 좋은 추억과 나쁜 추억이 혼재된 곳이기도 했다.

넌 아직도 말을 못 타? 재능이 없나 본데?

아, 그런가? 난 올해 안에는 잘 타고 싶은데 연습을 꾸준히 하기가 어렵네.

엥? 그게 그렇게 연습까지 하면서 오래 걸릴 일이야?

깔깔깔. 웃는 그 얼굴이 기억에 선했다. 우리 집엔 말이 한 필이지만 걔는 집에만 말 두 필에 아버지 부하의 말까지 심심하면 무턱대고 타고 나갈 수 있다. 그때는 내가 재능이 지나치게 없는 줄 알았다.

증상을 인지한 건 얼마 전이었다. 자려고 침대에 누웠는데 갑자기 머릿속에서 그 애의 말과 행동, 표정이 유영하기 시작했다. 나의 목 위에 눌러앉아 내 숨통을 조여 오는 귀신처럼 나를 사로잡았다. 그날은 잠도 안 오고 머리가 지끈거렸다.

그날 하굣길에 자전거를 타고 가는데, 옆으로 말을 타고 휙 지나쳐가던 요정 같은 그 애의 뒷모습은 참 자유로워 보였다. 아무리 페달을 열심히 굴러도 마을에서 제일 좋은 종마의 속도에는 한참 못 미치는데도 괜히 한 번 열심히 다리를 움직여봤다. 이까지 악물고. 걔의 집 앞을 지나갈 때 문 앞까지 나와서 해맑게 웃으며 걔를 폭 안아주는 영주님을 보았다. 그 뒤로 지나가던 동네 사람들까지도 줄줄이 멈춰 서서 손뼉 치는 모습을 보고 멀미가 나는 기분이었는데 단순히 페달을 능력치 밖으로 과하게 밟아서 그런 줄만 알았다.

그 밤부터 걔의 이름을 듣거나, 걔를 보거나, 떠올렸을 때 기침이 나오고 머리가 아팠다. 우연이라고 생각했고 심하지 않아서 감기라고 생각했는데. 내가 병들었다니, 추한 병에 걸리다니. 또 나 자신을 원망했다. 사실 저주받은 것과 다를 바 없다.

저주의 의미를 명확하게 이해할 수는 없지만 숨긴다는 사실이 비슷하다고 생각한다. 루시엘 아줌마에게서 사과를 사 온 날 밤이었나, 어쨌거나 루시엘 아줌마와 포옹을 하고 난 뒤의 일이었다.

"어머, 젤라."

"네?"

"너, 혹시…… 아, 아냐, 아무것도 아니란다."

당시 아줌마가 투병 중인 것을 숨긴 걸 이해한다. 질투, 그래, 그렇게 부르고 싶지는 않지만 질투가 이 병과 가장 가까이 있는 표현이다. 질투는 최대한 숨길 수밖에 없다. 나는 두 가지 가설을 세웠는데, 하나는 루시엘 아줌마에게서 질투를 옮았다는 것. 또 하나는 나도 몰랐던 내 병의 냄새를 아줌마가 맡았다는 것. 두 번째 가설에 조금 더 힘을 싣게 된다. 죽음에 가까운 사람에게서는 죽음의 냄새가 난다고 하던데 이 저주를 얻은 나에게는 어떤 냄새가 날까.

불과 일주일 사이에 아줌마의 병세는 더욱 나빠졌다. 이제 길쭉한 것만 봐도 경기를 일으키며 입에 거품을 문다고 했다. 아줌마 남편 크루시 아저씨가 말하길, 예전엔 빗자루를 보고 기분 나빠하더니 집에서 기르던 길쭉한 선인장을 집어 던지고 화를 냈다고 했다. 단순히 화를 내면 다행이지만 토를 하다가 실신하는 게 기본이라고. 아줌마의 대상은 키 큰 사람이라는 가설이 거의 명확해졌다. 마을의 키 큰 사람들은 모두 기분이 묘할 것이다. 나일까? 아닐까? 왜? 어쩌다가? 이런 생각들에 잠을 설칠 게 분명했다. 이유가 있을 수도, 없을 수도 있는데. 티크 아저씨의 죽음으로 밝혀진 것은 아무것도 없다. 그때 광장 중앙 분수대 근처에는 많은 사람들이 있었고 아저씨는 중앙 분수대에 다다르지도 못하고 죽어버렸기 때문이다.

아줌마에게 가서 냄새를 맡아보고 싶다. 질투의 냄새는 어떤 걸까. 나 스스로는 무뎌져서인지 아무런 냄새가 나지 않는다. 아줌마가 투병 중이라는 소식이 전해진 이후 학교 앞 삼거리에 있던 과일가게는 문을 닫고 그 집에는 발길이 끊겼다. 질투가 옮을까 봐 병문안을 가지 못하는 사람들이 반, 혹시 질투의 대상일까봐 병문안을 가지 않는 사람들이 반. 나는 그 어디에도 속하지 않았다. 나는 질투를 들킬까 봐 병문안을 가지 못하는 척 한다.

"아, 맞다. 아빠한테 들은 얘긴데 루시엘 아줌마가 어제는 식칼을 보고 피를 토했대. 진짜… 너무 무섭지 않아?"

타프는 나의 친한 친구이지만 타프에게도 진실을 말할 수 없다. 상황을 밝히고 그 애에 대한 생각에 동조하게 하면 물론 내 마음이야 편하겠지만 그럼 타프에게 질투가 전염될 가능성이 몹시 커지지 않을까 싶다. 나 혼자 괴롭고 아픈 게 나아. 나는 아무것도 모르는 척 고개를 끄덕거렸다.

"며칠 사이에 그렇게 심각해진 게 너무 소름이야, 그치."

"응, 그래도 괜찮아지겠지……."

"이건 약도 없는데, 괜찮아질 수 있을까?"

타프의 얼굴에 걱정이 서려 있었다. 축 처진 푸른 눈과 미간에 생긴 주름을 보고 있자니 공포와 섞여버린 걱정이 느껴졌다. 그 마음 안에는 옮고 싶지 않은 간절함이 녹아 있을 텐데. 손해를 끼치고 싶지 않아 고개를 돌렸다. 그냥 멀어지는 게 나을 것 같아 고민이 됐다. 타프는 곱슬곱슬한 내 뒷머리를 만지작거렸다.

 지금 머리가 아픈 게 내가 얻은 병 때문인지, 정말 두통인지 알 수가 없다. 울기 싫은데 서러워서 눈물이 찔끔 난다. 왜 하필 나에게 이런 일이 일어난 건지 모르겠다. 그다지 나쁘게 산 적도 없는 지극히 괜찮은 나에게. 아니, 나 정말 괜찮은 사람인가? 괜찮지 않아서 이런 일이 일어난 걸까. 다들 그 애랑 친하게 잘 지낸다. 나만 빼고 다들 행복해 보인다. 어쩌면 내가 진짜 이상한 사람일 수도 있다. 바람이 우리 머리카락을 간질일 때 일부러 눈을 크게 떠서 눈물이 바람에 마르게 됐다. 다시 고개를 돌렸을 때 아마도 눈물의 흔적이 없을 것이다.

"뭐야, 울었어?"

"엥, 아니."

"눈이 좀 빨간데. 괜찮아? 뭔 일 있어?"

 뭐가 들어갔나 보지. 부스스 웃고 말았다. 타프를 속이기가 쉽지는 않지만 꼭 속여야겠다. 솔직하고 싶은 마음과 멀어져야겠다는 마음이 칼싸움하고 있다. 쨍쨍, 일단은 멀어져야겠다는 마음이 이겼다.

"밥, 집에 가서 먹어야겠어. 좀 쉬고 책도 좀 읽게."

"그래 그럼. 난 이따 애들이랑 다시 나올 거니까 맘 바뀌면 나와. 해지고서!"

 해가 마을의 탑 위에 걸려 있었다. 망보기용으로 한 백 년 전쯤 세워졌다고 했나, 지금은 무너질까 봐 아무도 꼭대기까진 올라가지 못하는 낡은 탑. 그래도 저 탑이 우리 마을을 지켜준다고 믿는 어르신들 때문에 무너뜨리지도 못하고 있다.

탑의 뒤편으로 나 있는 자갈 깔린 도로를 따라 집으로 돌아가는 길이 여름 태양 길처럼 오래였다.

언덕을 넘어가면 호수가 나오는데 여름이면 언덕 중반에서부터 마구 뛰어서 호수에 뛰어드는 놀이를 하곤 했다. 호숫가에는 물풀도 많고 가끔 오리나 고양이 같은 동물들이 있어서 요리조리 피해 달리는 재미까지 있었다. 어릴 때부터 또래에 비해 키가 커서 달리기는 잘했어도 순발력은 조금 느렸는데, 가끔 푸다닥 소리 나는 오리의 날개에 부딪히거나 강아지를 피하려다가 물풀에 발이 엉키기도 했다.

핫! 야, 너 진짜 느리다!
이미 목까지 호수 속에 담근 그 애가 둥둥 떠서 웃으면 주변 애들도 다 물장구를 치며 웃었다. 나도 그렇구나, 생각하면서 걔의 옆으로 풍덩 들어가 함께 웃었다. 웃음은 꽤나 전염성이 있어서 즐거웠다. 단순했다.

열네 살 이후로는 호수에 수영하러 간 적이 없었다. 호수까지 가기도 귀찮을 때도 있었고 자라버린 몸이 젖어서 드러나는 게 싫었다. 천방지축으로 몸을 던지던 나이가 어느 정도는 지났다.
"오늘 호숫가 가기로 했어. 끼르베, 베페랑. 너도 갈 거지? 끼르베가 호수에서 먹을 간식 가져온대. 치즈 새로 들어왔다던데?"
"음, 가기 좀 귀찮은데."

사레들린 듯 콜록거리자 타프는 등을 두드려주었다. 고개를 일부러 반대로 돌리고 옷소매로 입도 막았지만 그래도 옮길까 봐 불안하고 손이 좀 떨리기 시작했다. 그 애가 있는 호수로는 더더욱 갈 생각이 없다.

"왜 귀찮아, 그냥 몸만 가면 되는데? 가자, 응?"

내 왼팔을 잡고 흔드는 타프의 몸짓에도 마음이 변하진 않았다. 타프랑 멀어지는 게 두렵지만 이 순간에는 작은 용기가 필요했다.

"나 몸이 좀 안 좋기도 하고, 어제 읽던 책을 마저 읽고 싶어서."

타프의 눈이 가늘어지고 고개가 기울어졌지만 단호하게 시선을 고정했다. 타프의 푸른 눈과 마주했다. 푸른 눈 안에 내가 비치지 않았다. 까만 내 눈동자에는 아마도 날 빤히 보는 타프의 얼굴이 있을 것이다. 들키고 싶지 않아 고개를 돌렸다.

"그래, 그럼. 우리끼리 재미있게 놀았다고 삐지기 없기야."

"응, 재미있게 놀아. 다음에 놀자!"

나도 베페랑 타프랑 놀고 싶다. 그 애랑도 단순하게 웃고 떠들던 때가 얼마 전인데 기분이 이상하다. 이제 영영 놀 수 없을 것 같다. 뒤돌아 멀어진 타프가 탑 앞쪽으로 돌아 사라지고 숫자 다섯을 세고 나서야 참았던 기침을 토해냈다.

"젤라?"

"아, 아저, 씨!"

기침을 다시 갈무리하기도 전에 눈만 제외하고 온몸을 천으로 둘둘 두른 크루시 아저씨가 오른쪽 골목에서 어기적어기적 걸어 나왔다. 평소 작다고 느꼈던 아저씨의 눈이 오리알마냥 커져 있었다. 아저씨가 점점 가까이 다가왔다. 아저씨가 걸어올 때마다 심장이 몇 배로 빨리 뛰었다.

"너……."

"아니에요! 진짜 아녜요!"

고개를 마구 저으며 뒷걸음질 치다보니 탑 밑이었다. 꽉 막힌 천속에서부터 길고 깊은 한숨 소리가 들려왔다.

"치료 방법이 없어서 곤란하니까, 조심하는 게 좋아. 아저씨는 집에서도 이러고 있단다. 탑에라도 올라서 좀 쉬려고 하는데 살짝 비켜줄래?"

몸을 움직여 놓고는 아저씨가 탑에 올라가는 것을 물끄러미 바라봤다. 턱턱 무겁게 발을 내려놓는 소리가 들리고 탑이 살짝 흔들리는 것 같기도 했다. 아저씨는 탑 중간까지 올라가 멈춘 것 같았다.

"젤라, 얼른 가보렴. 혹시 모르니까 말이야."

탑 위에서 아저씨의 목소리가 웅웅 울렸다. 네, 대답과 동시에 힘껏 달음박질쳤다. 병에 옮을까 봐 두려운 사람처럼 아주 빠르게 성큼성큼 탑에서 멀어졌다. 사실은 두려운 건 따로 있었지만 말이다. 아니, 나도 이제 뭐가 두려운 지 모르겠다.

고개를 푹 숙이고 집으로 돌아가는 길. 바닥으로 눈물이 비가 막 오기 시작할 때처럼 뚝 떨어졌다. 펑펑 울고 싶어서 걸음을 빨리 했다. 뛰면 머리가 울려서 맘대로 뛰지도 못하고 그저 빨리 걷기만 했다. 가만히 침대에 누워서 한바탕 울고 나면 조금 나아질지도 모른다는 쪽에 희망을 걸었다. 아프기 전의 평범한 일상이 어린 시절 뒷걸음질 치다 밟아서 깨트렸던 달걀처럼 느껴졌다. 놀란 직후 닭에게 정중히 사과했지만 달걀 조각은 아무리 노력해도 붙지 않았고 닭의 쪼아대는 공격을 고스란히 받았던 기억이 났다. 울면서도 닭의 공격을 피하지 않았던 어린 내가 이제 와서 바보처럼 느껴졌다. 피할 수 있을 때 피할 걸 그랬다. 더 뻔뻔해질 걸 그랬다.

"젤라, 무슨 일 있었어? 얼굴이 눈물 콧물 범벅이네. 자, 얼른 화장실로 가서 얼굴이 얼마나 웃긴지 보자. 그럼 눈물 뚝! 웃음이 나올 거야, 우리 딸."

와, 끼르베, 진짜 웃기다! 다시 해보자.
맞아, 맞아! 어떻게 한 거야, 끼르베?
좋아, 알려줄게! 근데 젤라, 너 그 단어 왜 자꾸 써? '웃기다'는 말, 좀 별로야. 어감이 좀 그렇지 않아?

아, 정말 그런 줄 알았지. 그 뒤로 '웃기다'는 말을 입 밖으로 꺼내지 못했다. 머리가 핑 돌고 어지러워 문 앞에 주저앉았다. 기침이 나올 것 같아서 엄마에게 비키라는 손짓을 했다.

"젤라, 괜찮니? 엄마 비키라고?"

고개를 끄덕거리며 기침을 하려던 찰나에 우욱. 욕지기가 올라왔다. 개처럼 엎드려 점심으로 먹은 것을 모조리 토해냈다. 눈에선 눈물이 줄줄 흐르고 내 속의 장기까지 따라 나온 게 아닌가 싶을 만큼 아팠다. 다행히도 장기는 멀쩡히 붙어 있는 것 같았다. 정신을 차리고 몸을 일으켰을 때, 바닥에 장기로 보이는 것은 없었으니까. 한 발짝 뒤에서 나를 지켜보던 엄마가 움직였다.

"내가, 치울게요. 무서워, 엄마도 걸리면 어떡해."

"엄마는 괜찮아. 방 가서 좀 누워 있어, 응?"

엄마는 토를 살짝 비켜 나에게로 다가왔다. 거부할 힘도 없었다. 엄마는 나를 꼭 안아주고 손수건으로 얼굴을 꼼꼼히 닦아 주었다. 엄마의 눈동자 안에는 내가 있었다. 나와 같은 검은 눈동자.

"우리 딸 착하지. 얼른 쉬어."

도리도리 고개를 저었지만 엄마는 아랑곳하지 않고 나를 일으켜 세웠다. 기운이 없어서 그런지 덜렁 들렸다. 키가 훌쩍 커서 친구 중에는 작은 편이 아닌데도 엄마보다는 아직 작다. 엄마는 루시엘 아줌마의 질투 대상일까? 엄마도 그렇게 생각하면서 언짢아할까? 우리 엄마도 누군가에게 잘못한 일이 있을까? 엄마에게 질질 끌리듯 안겨서 소파에 앉혀지는 동안 머릿속이 더 무거워졌다.

"젤라, 학교를 좀 쉬어야 하지 않을까?"

"으응, 하루만 더 가보고요."

괜찮을까, 중얼거리는 엄마의 목소리가 멀어졌다. 더 이상 아프고 싶지 않고 혼자 나쁜 사람이 되는 것 같은 기분이 싫다. 눈을 감으면 금방 잠에 빠질 것 같았고 눈을 깜빡거리자 어둠이 찾아왔다.

2장
하필이면 광장에서의 파티

사람들은 돌고 있는 이 병에 대해 모두 질투 귀신이 저주를 내렸다-라고 말했다. 질투 귀신의 짓이라 이름을 붙이는 게 적합하지 않다고 생각한다. 시기, 질투하는 감정과 같고도 다르다. 학교에 앉아 있기도 벅찼다. 교실에 그 애가 있으니 최대한 고개를 선생님께 고정.

루티 선생님 있잖아, 좀 변태 같고 그래. 눈빛이 그렇지 않아? 그리고 완전 거짓말쟁이야. 내가 아빠한테 들었는데……
그렇게 믿고 선생님을 불신하며 경계하다가 목격한 장면은 선생님의 팔에 매달린 그 애의 모습이었다. 누구보다도 활짝 웃으며 선생님을 바라보고 선생님에게 뛰어가는 그 애의 나풀거리는 몸짓에는 악의가 전혀 보이지 않았다. 그렇다고

그 애가 선생님을 거짓말쟁이 변태 영감으로 생각하지 않는 것은 아니다.

"젤라, 내 말 듣고 있냐?"

 선생님이 내 눈앞에 나타나도 눈의 초점이 쉽게 맞춰지지 않았다. 베페가 옆에서 걱정스러운 얼굴로 쳐다보고 있는 것이 느껴졌다. 누런 종이를 물끄러미 바라보고 있던 척을 했다.

"젤라, 그럼 다음 시간에 네가 발표를 해보자. 사랑 시에 대한 연구를 좀 해오거라."

"다음, 시간이요?"

 이 상황에서 다음 시간이라는 말은 전혀 희망적이지 않고 오히려 불길한 쪽에 가까웠다. 내 인생에 다음 시간이 절대 없을 것만 같은 느낌말이다. 옆자리에 앉아 있던 베페에게 애써 웃어주며 울리는 머리를 살짝 붙잡았다. 간신히 수업을 버텨내자 더 큰 문제가 닥쳤다. 엎드려 있는 나에게 애들이 몽땅 다가온 것이다. 물론 걔도 포함.

"젤라, 많이 아파? 조퇴하지 그래?"

"생리통이래?"

"몰라, 말을 안 해."

 기침이 시작될 것 같았다. 지금 느껴지는 비릿한 피 맛이 깨문 입술에서 나는 건지, 내 속에서 올라온 건지 궁금했다. 엎드려서 고개만 젓고 있으니 금방 애들이 사라졌다. 하지만 사라지지 않고 있는 유난히 작은 발 하나와 큰 발 하나가 있었다. 작은 발은 당연하게도 마을의 공식 요정이자 공주의 발이다. 덩치 크고 뚱뚱

한 영주님에게서 오밀조밀 조그맣고 여려 보이는 아이가 태어난 것은 9할이 어머니 덕이라고 모두가 생각했다. 빛나는 초록색 눈도, 작은 손과 발과 입술까지도 작고 앙증맞았다. 같은 나이여서 더 그랬는지는 몰라도 우리들은 모두 걔의 작은 그림자 아래 있었다. 적어도 나는 그랬다.

"젤라, 집에 가야 하는 거 아냐? 마차 불러줄까? 금방 올 텐데."

여전히 엎드린 채 손을 빠르게 내저었다. 제발, 제발. 하지만 역시나 이 저주받은 몸은 기대를 저버리지 않았다. 우욱, 하는 소리와 함께 입에서 기침과 토가 함께 쏟아지고 발끝이 빙글 돌았다.

어떻게 집에 왔는지 기억도 나지 않았다. 어떤 옷을 입어도 부풀어 오른 배를 감출 수 없어서 아예 밖에 나가지 못했다. 먹은 게 없이도 신물이 계속 올라왔다. 토가 멈추면 찾아오는 두통은 소리라도 지르지 않으면 참기 힘들었다. 엄마와 아빠가 들어오지 못하게 방문을 잠갔다. 토를 받을 커다란 통을 미리 방에 넣어두길 잘했다. 밖에서 문 두드리는 소리가 귓속으로 들어온 벌레 소리로 느껴졌다. 잠시 아프지 않을 때면 어떻게 해야 나을 수 있을지에 대한 고민밖에 하지 않았고 아플 땐 아프다는 생각 외에는 그 어떤 것도 날 찾아오지 않았다.

"젤라… 나 왔어. 어머니께서 나만 몰래 오라고 하셔서… 괜찮아?"

타프 빼고. 타프가 와주었다. 하도 울어 잠기고 갈라진 목소리로 괜찮다고 했다. 아마도 믿지 않고 있겠지만 괜찮다고 말하는 수밖에 없었다. 이 병을, 질투를 드러내는 순간, 다들 나를 피할 거다. 전염이 무서워서 피하거나 혹시 본인이 그 질투의 대상일까 봐, 뭐든 이유는 만들기 나름이다.

"타프, 얼른 가."

"버리는 옷으로 칭칭 감고 왔어."

멀찍이서 타프의 한숨 소리가 전해져왔다. 날 안타까워하는 건 고맙지만, 막상 동정을 받는 기분에 놓이고 나니 유쾌하진 않았다. 완전히 이해해줬으면 좋겠으면서도 섣부르고 자의적인 이해를 받고 싶지는 않다. 점점 꼬여가고 있는 것 같아. 다시 발작적인 기침이 터져 나오기 시작했다.

"약,도 없고, 큰,일나. 얼,른 가."

한 차례 기침과 두통의 폭풍이 걷히고 나서야 방 밖의 소리에 귀를 기울일 수 있었다. 아무 소리도 들리지 않는 걸로 봐서는 타프가 갔다는 생각이 들었지만, 한편으로는 가지 않았으면 하는 얄팍한 마음이 고개를 들었다. 역시 꼬여버린 게 맞았다. 병이 낫는다고 하더라도 예전의 나로 돌아갈 수는 없다. 내 안의 기억은 지워지지 않을 테니.

"젤라. 괜찮아, 응? 네가 지금까지 환자 중에 제일 어리고 젊으니까 회복도 쉬울 거야. 감정 조절도 할 수 있잖아. 그니까 너 끼, 아니."

대답하지 않았다. 대답할 수 없었다. 역지사지로 이해했다는 말은 다 거짓말이다. 본인이 당해본 적 없고 느껴본 적 없는 것을 결코 동일하게 느낄 수 없다. 내가 루시엘 아줌마를 위로한다고 생각했던 것은 위선이었다. 내가 같은 병에 걸리고 같은 마음이 되고 나서야 그때 내가 아줌마를 이해한다고 건넸던 말이 얼마나 오만이었는지 알았다.

"이렇게 생각해보는 게 어때? 그건, 네 잘못도 아니고."

"타프! 넌, 겪어보지 않았으니까 몰라. 마음은 고마워."

"……그래, 아빠 통해서 그 병에 좀 효과가 있다는 약초 우린 물을 가져왔거든? 옆 마을에서는 괜찮았다는데 아직 입증된 건 없어서 모르겠어. 그래도 문 앞에 두고 갈게. 통증이라도 좀 가라앉으면 좋겠다. 우리… 진짜 너 기다리고 있어."

요 며칠 통증이 완화된다는 약초를 먹어도 별 효과가 없었기에 타프의 말에도 기대는 없었다. 이때다 싶어 약을 팔아 욕심을 채우려는 사람의 상술일 수도 있었다. 그래도 날 생각해준 게 고맙고 다시 눈물이 차올랐다. 흘러서 목소리가 먹먹해지면 타프의 마음도 무거워질 것 같아서 애써 밝게 타프를 보냈다. 다행히 더 아프진 않았다. 언제 다시 아파질지 몰라서 불안했으나 잠시 나에게 찾아온 여유를 즐겼다.

정확한 이유는 알 수 없지만 타프가 가져다 준 약초 우린 물을 마신 이후 이틀 동안은 아프지 않았다. 아빠는 비가 오는데도 그 약초를 더 구해오겠다고 길을 나섰다. 병이 떠난 듯 느껴지자 자연스럽게 내게 고통을 주는 사람에 대한 생각도 조금은 멀어졌다. 이미 '다음 시간'은 지났지만 혹시나 하고 사랑 시에 대한 글까지 끼적거려봤다. 이대로 부어오른 배가 멀쩡해지면 학교에 갈 수 있을 것만 같은 희망이 있었다. 빗소리를 들으며 언젠가 찾아올 첫사랑에 대한 낭만적인 생각도 했다.

어쩌다 걔를 떠올리면 목구멍이 기침이 나오기 직전처럼 간질거리긴 했지만 구

토를 하진 않았다. 물론 그 애가 원하는 대로 결국은 다 끌려다니면서도 아무렇지도 않았던 나와 친구들을 떠올리면 체한 듯 갑갑하기는 했다. 머리도 여전히 지끈거렸다. 덕분에 나는 오랫동안 나 스스로를 의심하고 검열했다. 다른 애들의 마음은 모르지만 걔는 그런데도 사랑받았고 여전히 사랑받고 있다. 하나씩 퍼즐 맞추듯 조각조각 들어맞고 있는데도 엄마 빼고는 아무에게도 말할 수 없는 상황이 답답했다.

"그랬어? 엄만… 전혀 몰랐네."

홀쩍이는 소리가 아마 방문 밖으로 고스란히 전해졌을 것이다. 내리는 빗소리와 섞여서 잘 들리지 않길 희망했다. 정말 오랜만에 아파서가 아니라 내 이야기를 하다 감정이 북받쳐 울었다. 흐느끼다가 다시 아프게 되거나 엄마가 더 걱정할까 봐 마음 놓고 울지도 못했다. 일부러 어릴 때 부르던 우스꽝스러운 노래를 속으로 흥얼거렸다. 오리가 비를 맞으며 멍멍 짖었다는 가사였는데 아주 현실감 있게 개 소리를 낼수록 웃음이 나왔던 노래.

"좋은 환경에서 못된 것만 배웠나봐. 어쩜 그러지? 쉽게 용서하지 말자."

엄마가 볼 수도 없는데 괜히 머리만 끄덕거렸다. 입을 열면 간지러운 목구멍에서 흉측한 것들이 튀어나올 느낌이 들어 무서워서 그랬다.

"용서가 맞는 말인지는 모르겠어. 그치만 젤라, 좋은 사람이려고 너무 애쓰지 않아도 괜찮아. 네 모습 그대로 엄마는 널 사랑해. 그리고… 반대로 그 친구도 누군가에게는 사랑스러운 사람일 텐데 그 간극을 너무 힘들어하지 마."

아직도 나는 그 간극이 버거웠다. 나에게는 좋은 사람이 아닌데 누군가에게는 좋은 사람일 수 있다는 게 답답했다. 사람들이 알아줬으면 좋겠다. 아니면 내가 아파서 개의 행동들을 착각하는 걸 수도 있다. 피해망상처럼. 그렇지만 몸이 이렇게까지 아픈데 착각한 거라면 더 비참할 것 같다. 사실 어떤 쪽이건 저주받은 병에 걸린 내가 끔찍할 뿐이다. 왜 나지? 왜 이렇게 된 거지? 매번 해봤자 이렇게 무의미한 질문도 없을 것이다. 불행은 이유도 순서도 없이 찾아오고 아무렇게나 짓밟고 사라진다. 때로는 오래도록 짓밟고 누르고 떠나지 않기도 한다.

부정적인 생각을 해서인지 다시 기침이 시작되었다. 배가 뜯겨나가듯 끔찍이도 아팠다. 눈물은 알아서 줄줄 흘러나왔다. 밖으로 나가고 싶지만 나가고 싶지 않아. 괜찮아지고 싶지만 그냥 죽어서 끝났으면 좋겠어. 밉지만 미워하고 싶지 않아. 나는 사랑 받고 개는 가라앉았으면 좋겠어. 용서할 수 없지만 용서하고 싶어. 엄마가 말한 '간극' 속에서 헤엄쳤다. 내 안에 간극이 너무도 많았다. 물풀에 발이 걸린 듯 쉽게 빠져나올 수 없었다. 무수한 생각들이 짓누르며 지나갔다. 겉으로는 시체처럼 누워 계속 토악질만 했다. 착하게 살지 않아도 귀염 받는 개가 부러운 걸까. 편안해지고 싶은데 마음대로 되지 않았다. 이제 빗소리가 멎었다. 신음을 숨길 방법이 없었다.

흔들리는 시야로 방문을 따고 들어온 엄마가 보였다. 산발이 된 머리로, 나처럼 눈물을 흘리는 엄마가 나를 안아 올렸다. 송곳 같은 마음이라 엄마까지 다칠까 무서웠다.

"근데 나 혹시 죽,으면 마,을이 보이,지 않는… 문…."

"쉿, 허튼 생각 마. 아빠가 약 금방 찾아올 거야. 응, 우리 젤라."

손수건으로 내 얼굴을 조심조심 닦아주는 손길을 느꼈다. 머리도 아프고 속도 쓰리고 모든 통증은 여전한데 마음이 조금 편해졌다. 나쁘고 모자란 모습까지 어떻게 사랑할 수 있지. 의구심이 들었음에도 믿고 싶었다.

 정신이 들었을 때는 이미 다음 태양이 떠오른 뒤였다. 입을 옷소매로 슥 훔치자 피가 묻어나왔다. 시간이 얼마나 지났는지는 모르겠지만 하고 싶은 일이 명확하게 떠올랐다. 확인해보니 학교가 끝났을 시간, 다들 어디에 있는지 분명했다.
"젤라, 몸은 좀 괜찮아? 어디 가려고? 나가면 안 되지 않을까?"
"어, 잠깐만요. 금방이면 돼요."
 아파서 곧 죽을 것 같은데 몸이 알아서 막 움직여지는 기분이었다. 망토를 뒤집어쓰고 강렬한 의지로 한 발 한 발 밖으로 나섰다. 휘휘 다 쉬어버린 목소리로 노래를 부르며 광장으로 향했다. 어쩐지 기분이 흥겹기도 하고, 아주 울적하기도 했다. 노래 가사는 '다음 계절은 없어' 따위의 희망 없는 미래를 읊지만, 곡조는 춤을 출 수 있을 만큼 아주 발랄했다. 일 년 전쯤 유행했던 노래를 흥얼거리다니, 요즘 옛 노래들이 자꾸 생각났다. 이게 주마등인가, 누가 알려줬으면 좋겠다.
"쟤 옷 만드는 마티넬 딸 아니야?"
"그 집 딸? 아파서 방 밖으로 기어 나오지도 못한다던데. 아닌 것 같아."
"그 병이라는 게 좀…… 하여간 걸린 사람도 문제가 있어."
 수군거리는 소리가 귀에 꽂히듯 잘 들린다. 사람들은 남의 이야기를 좋아한다. 자극적일수록 재미있어 죽으려고 하는데 나는 진짜로 죽어간다. 일부러 그들 쪽으로 기침을 했다. 저 사람들도 앞에서는 위로를 잘하겠지.

다음 계절은 없어, 지금을 살다가 죽은 까마귀와 밤새 춤을 춘다네. 기침은 노래에 새로운 박자를 입혔다. 저 멀리 중앙 분수대 옆에 모여 있는 친구들이 보였지만 껵껵거리는 목소리를 감출 생각이 없기에 계속 노래를 흥얼거렸다. 아픔을 참느라 몸이 비틀렸다.

"젤라! 몸은 좀 괜찮아?"

걱정스러운 얼굴을 한 친구들이 서서히 다가왔다. 주춤주춤 물러서는 상체와 다가오는 하체의 괴리감이 정말이지 웃겼다. 그 선두에 선 그 애는 가장 허리를 심하게 꺾어놓으면서도 호기심 어린 눈빛으로 다가오고 있었다. 입술을 삐죽거려 울먹이긴 했지만 눈빛에 어린 호사가의 자질은 변하지 않았다. 순식간에 나타났다가 사라지긴 했지만, 이제는 보였다. 태양이 참 높이 있었다. 비가 쏟아져 내렸으면 좋겠다. 눈이 흐려진 것을 들키고 싶지 않았다. 비틀린 몸을 이끌고 가장 뒤틀린 사람에게 다가갔다.

"끼르베."

그 애의 주근깨가 박힌 흰 얼굴에 칵, 피가 튀었다. 얼굴을 마주 보고 이름까지 부르니까 아픔이 더 거세어졌다.

"너, 웃긴다."

걔의 레이스가 화려하게 달린 흰 윗옷 위로 카악- 피를 토하며 쓰러졌다. 피로 붉게 젖어 당황한 얼굴을 보는데 내가 이렇게 나쁠 수 있구나- 하는 묘한 쾌감이 밀려왔다. 고작 이 정도로도. 흐릿해지는 시야를 부여잡으며 이제부터 불안에 떨게 될 그 애를 응시했다. 망치로 가격당하는 것처럼 아프던 머리, 송곳으로 찌르는 고통에 시달린 배, 팅팅 부어서 잠도 못 자게 저릿저릿하던 손끝까지 조금 상쾌해지는 느낌. 그렇게 눈을 감았다. 분수대 옆에서 노래부르던 어린애들의 소리가 멎었다. 진심으로 원하던 복수는 아니었다.

에필로그 :
속마음 책장

INFP

책을 출간해보고 싶어서 무작정 '책쓰게' 1기에 지원하게 되었다. 남들에게 내 글을 보여준다는 게 부끄럽기도 했지만, 최대한 솔직하게 내 생각을 에세이 속에 녹여내려 했다. 또 양질의 책이 나와야 한다는 의무감 때문에 몇 주 동안 컴퓨터 앞에 앉아 열심히 자판을 두드렸다. 내면의 상처가 치유되는 효과를 덤으로 얻기도 했다. 내 인생에 없어서는 안 될 소중한 경험을 했다고 생각한다. 앞으로도 작가의 길을 계속 걸어보려 한다.

SUE

나를 사랑하기 두 번째 걸음

어리석었던 과거는 버리고 행복하기 위한 두 번째 걸음

인생 뭐 있어 하고 싶은 거 하며 즐겁게 살기 위한 두 번째 걸음

함께해서 감사했어요.

변지영

5주 동안 책 한 권이 완성된다는 게 가능할까 싶었는데 되네요. 마음먹으면 되나 봅니다. 나무늘보처럼 널브러져 있던 저를 글의 세계로 불러주셔서 감사해요. 막다른 낭떠러지인 줄 알았는데, 여기서 꽃이 피고 있었네요. 하고 싶은 일을 꾸준히 할 수 있다는 건 축복입니다. 돌아가신 할아버지가 지어주신 이름 세 글자에 책임지는 사람이 되겠습니다. 변화 지고 영광.

정복이

글을 쓰는 일은 생각보다 더 어려웠다. 낮에는 직장 밤에는 육아, 코로나와 싸우는 악조건 속에서 글 하나를 완성했다는 것에 의의를 두기로 했다.

책을 통해서만 만날 수도 있던 분들을 만나 함께 책을 낼 수 있어 영광이다. 각자만의 감성으로 생각지도 못한 소재로 글을 써 내려 가는 걸 보며 속으로 연신 감탄했다. 더 분발해야겠다는 생각이 들어 열심히 글을 써보았지만, 첫사랑의 아쉬움처럼 아득한 느낌이다. 혹시 나처럼 스스로 만족하지 못한 상태에서 책을 내신 분이 있다면 친구가 나에게 해줬던 이 말을 함께 공유하고 싶다.

"큰 주전자는 끓이는 데 오래 걸려 그러니까 힘내"

슬슬

올해 새해 다짐 중 하나였습니다. 그저 글을 써보고 싶다는 목표였습니다. 처음으로 한 달 동안 정신없이 글을 쓰게 되었습니다. 마감이라는 시간에 쫓기는 일도 처음이었고, 긴 이야기를 써보는 것도 처음이었습니다. 결국, 시작했고 마무리를 했습니다. 이 글이 앞으로도 글을 계속 쓸 수 있는 계기가 될 수 있으면 좋겠습니다.

권현정(도라.K)

1년전부터 머릿속으로만 구상했던 이야기였다. 장편으로 기획을 했었기 때문에 단편으로 줄이는 과정이 부담스러웠다. 기존에 써놨던 다른 이야기들로 교체를 해야하나 마감날까지 고민을 했지만 지금 시대와 어울린다는 판단하에 상처도 시로 결정을 했다. 작업을 하면서 나의 장점과 단점을 냉정하게 알 수 있었고 앞으로 책을 읽을 때 더 재밌게 읽을 수 있을거 같다.

예나랑드

목적 잃은 창작 생활에 목적지가 생겨서 즐거웠습니다. 남의 눈을 신경 쓰지 않고 마음 가는 대로 이야기를 쓰고 싶었는데 그럴 수 있어서 다행입니다. 더 신경 써줬으면 좋았을 텐데 허겁지겁 마무리해서 아쉬움이 남기도 합니다. 다음 책, 다음 이야기는 완벽할 수 있으려나..

조금 미운 돌이어도 진열해놓고 '이건 수석이야.' 생각하며 예뻐해 주면 그렇게 보일 거라 믿고 싶어요. 앞으로 더 예뻐해 줍시다.

나는 그냥 비를 맞기로 했다

초판 1쇄 발행   2020년 7월 10일

지은이   INFP · SUE · 변지영 · 정복이 · 슬슬 · 권현정(도라.K) · 예나랑드
발행처   키효북스
펴낸이   김한솔이
디자인   김효섭
주소   인천시 부평구 부평대로 165번길 26, 1층 출판스튜디오 쓰는하루(21364)
등록   2019년 12월 3일 (제2019-000039호)
이메일   two_hs@naver.com
블로그   https://blog.naver.com/two_hs
인스타그램   @writing_day_

ISBN 979-11-970848-0-5